戦争の日本古代史

好太王碑、白村江から刀伊の入寇まで

倉本一宏

講談社現代新書

2428

はじめに　倭国・日本と対外戦争

「倭奴」という語

「倭奴《わど》」という言葉をご存じだろうか。日本（および倭《わ》国）に対する蔑称《べつしよう》として、古くは中国の『旧唐書《くとうじよ》』に「倭国は古《いにしえ》の倭奴国である」と、『新唐書《しんとうじよ》』に「日本は古の倭奴である」と見える。時代が降って李《り》氏朝鮮《しちようせん》の『朝鮮王朝実録《ちようせんおうちようじつろく》』にも、明《みん》が豊臣秀吉《とよとみひでよし》の征明計画を知った際のこととして、「日本倭奴は、琉球《りゆうきゆう》を招誘して入犯しようとしている」という記事がある。私はかつて、奴《な》国が後漢《ごかん》から下賜された有名な金印も、「漢の倭奴国《わどこく》王」と読む可能性があることを指摘したことがある（倉本一宏「『漢委奴国王』について」）。

今の職場に移ってからは、外国から来訪した研究者と接したり、外国に講演やシンポジウムに出かける機会が増えた。その際、かなり仲良くなった人には、酒がまわった段階で、この言葉を知っているか、また今でも使っているかを聞くことにしている。欧米はもちろん、東南アジアでも聞いたことがないという人ばかりであったが、中国と韓国ではほぼ全員、聞いたことがある、今でも隠語《いんご》として使っていると答えてくれた。学生に聞くと、ネットで日本を表わす言葉として、「小日本」「日本鬼子」や「倭寇」「豚足」などと並んで、若者も使っているとの由であった。

我々が北東アジア諸国からどのような視線を向けられているのか、そしてそれにはどのような歴史背景があるのかは、きちんと認識しておく必要がある。そしてまた、我が国が古代以来、北東アジアの国々と、どのような関係を結んできたかも、正確に追究する必要があることは、言うまでもなかろう。

この本では、対外戦争をキーワードとして、日本（および倭国）と北東アジア諸国との関係を考えていきたい。過去を正しく総括してこそ、未来につながる。この分析はまた、日本という国を見直すきっかけともなると考える。

戦争を（ほとんど）しなかった国

日本というと、やたらと戦争ばかりしている国というイメージが強いのではないだろうか。外国で学生はもちろん、歴史研究者に聞いても、必ずそんな反応が返ってくる。

たしかに、一八六七年の「明治維新《めいじいしん》」以降には、一八九四（明治二十七）～九五年（明治二十八）の日清《にっしん》戦争、一九〇四（明治三十七）～〇五年（明治三十八）の日露《にちろ》戦争、一九一四（大正三）～一八年（大正七）の第一次世界大戦、一九三一年（昭和六）の「満州事変《まんしゅうじへん》」にはじまる日中戦争、一九四〇年（昭和十五）以降の仏印《ふついん》進駐、一九四一（昭和十六）～四五年（昭和二十）のアジア太平洋戦争と、特に日清戦争以降の約五十年間、間断なく戦争をおこない、特にアジア諸国に深い傷跡を残してきた。

しかしながら、これらは長い日本の歴史のなかでは、きわめて例外的な時期なのであって（一九四五年以降も戦争は経験していない）、「明治維新」以前の前近代の日本（および倭国）の歴史を眺めてみると、意外なことに、日本（および倭国）は、ほとんど対外戦争を経験していなかったのである。

倭国の戦争

人類にはもともと「殺しの本能」はなく、農耕社会に入って富の蓄積と集団を統制する政治権力が生まれてから、戦争がはじまったとされる（佐原真「ヒトはいつ戦い始めたか」）。農耕社会の成熟過程が本格的な戦争を生んだというのである（佐原真「日本・世界の戦争の起源」）。余剰生産物（富）の蓄積と耕地のような不動産の出現、人口増加による資源の欠乏や飢餓の危険などが、戦争の根本的な経済条件を作った可能性が高いという（松木武彦『人はなぜ戦うのか』）。

日中朝関係略年表

世紀	中国	朝鮮（韓）半島	日本（倭）	日中関係	日朝関係
	先史時代	旧石器時代	旧石器時代		
	夏（前21C?～前17C?）		縄文時代		
	商（殷）（前17C?～前11C?）	新石器時代			
	西周（前1046?～前771?）	無文土器時代			
	東周　春秋（前770～前403）				
	戦国（前403～前221）				
	秦（前221～前206）				
前三	漢（前206～8）		弥生時代		
前二		衛氏朝鮮			
前一		漢四郡（前108～313）		献見（朝貢）	
一	新（8～23）			倭奴国（冊封）	
二	後漢（25～220）			倭伊都国（朝貢）	
三	魏（220～265）蜀（221～263）			邪馬台国（冊封）	
	呉（222～280）		古墳時代（倭王権）		
	西晋（265～316）				
四	五胡十六国　東晋（317～420）	三国時代		外交関係なし	対高句麗戦
五	北魏（386～534）宋（420～479）	（高句麗・百済・新羅）		倭の五王（冊封）	諸軍事叙正
	斉（479～502）				
六	東魏（534～550）梁（502～557）			外交関係なし	仏教伝来
	西魏（535～556）				任那復興会議
	北斉（550～577）陳（557～589）				新羅加耶併合
	北周（556～581）				対新羅戦?

七	隋（589〜618） 唐（618〜907）	統一新羅（676〜935） ・渤海（698〜926）	飛鳥時代	遣隋使（朝貢） 遣唐使（朝貢） 白村江の戦	白村江の戦
八			奈良時代（710〜784）	遣唐使（朝貢）	新羅出兵計画
九			平安時代（794〜1185）	遣唐使（朝貢）	新羅の入寇
一〇	遼（916〜1125）五代十国（907〜960） 北宋（960〜1126）	後三国（901〜936） 高麗（936〜1392）		宋商船	高麗来寇の噂
一一	西夏（1038〜1227）			刀伊の入寇	刀伊の入寇
一二	金（1115〜1234）南宋（1127〜1279）		鎌倉時代（1192〜1333）	遣宋船	
一三	元（1271〜1368）			遣元船 蒙古襲来	蒙古襲来
一四	明（1368〜1644）	李氏朝鮮（1392〜1897）	室町時代（1338〜1573）	遣明使（冊封）	日朝貿易
一五				勘合船	応永の外寇
一六			安土桃山時代（1573〜1603）	秀吉（冊封拒否） 朝鮮侵攻	朝鮮侵攻
一七	清（1644〜1912）		江戸時代（1603〜1868）	日清貿易	朝鮮通信使
一八				琉球国（冊封）	
一九		大韓帝国（1897〜1910）	明治（1868〜1912）	日清戦争	日朝修好条規
二〇	中華民国（1912〜） 中華人民共和国（1949〜）	日帝時代（1910〜1945） 大韓民国（1948〜）・ 朝鮮民主主義人民共和国（1948〜）	大正（1912〜1926） 昭和（1926〜1989） 平成（1989〜）	日中戦争 日中平和友好条約	韓国併合 日韓基本条約
二一					

日本列島の場合、中国大陸や朝鮮半島から、「ほどよい距離の島国」であったがため、大陸や半島における戦国《せんごく》時代の動乱の影響を受けずにいられた。外国勢力から見ても、わざわざ海を渡って日本列島を侵略するほどの熱意は生まなかったであろう。

そのおかげで、日本列島は豊かで平和な縄文《じようもん》社会をおおよそ一万二千数百年ものあいだ、維持することができたのである。農耕社会以前にまったく個人的な争いがなかったというわけでもあるまいが、集団同士の大規模な戦闘がおこなわれなかったことは認めてもよかろう。特に日本列島では、魚介類といった水産資源の漁撈《ぎよろう》や、クリ・ドングリなど植物資源の採取が縄文社会の主たる生業であったことから、大型動物を主食としたヨーロッパよりは、争いの少ない社会であったものと思われる。

弥生《やよい》時代に入り、農耕社会の開幕とともに、日本列島にも集団間の戦いがはじまったことは、首が切り取られたり多数の矢が打ち込まれたりした人骨が出土することや、きわめて防御性の高い環濠《かんごう》集落や高地性集落が出現することから推測されるが、いまだ海外勢力との戦争をおこなうほどの権力は生まれていなかった。海外勢力にも、日本列島に侵攻する余裕はなかったはずであるし、日本列島にそれほどの魅力も感じなかったであろう。

大和盆地南東部に統一政権（倭王権）が誕生したのは三世紀中葉から後半のこととされる。そして国内で鉄が生産できるようになる六世紀までのあいだ、朝鮮半島南部の加耶《かや》地方の鉄をめぐって、倭国は朝鮮諸国と深く関わることとなる。

四世紀後半に朝鮮半島南西部の百済《ひゃくさい》から出兵要請を承けた倭国は、四世紀末から五世紀初頭にかけて半島に出兵し、半島北部の高句麗《こうくり》と戦い、大敗を喫した。

つぎに六世紀後半から七世紀初頭にかけて、倭国は、加耶を滅ぼした半島南東部の新羅《しんら》に派兵し、新羅に「任那《みまな》の調《みつき》」（加耶地方の旧金官《きんかん》国から産出したと称する物品）を要求したとされるが、ここに描かれている戦闘は『日本書紀《にほんしょき》』の造作《ぞうさく》記事である可能性が高い。

七世紀後半、中国の唐《とう》と新羅の連合軍によって滅ぼされた百済を復興するため、朝鮮半島に大軍を派遣した。白村江《はくそんこう》において唐・新羅連合軍と戦ったが、おそらくは日本史上最大の敗戦となった。この敗戦を契機として、倭国ははじめての国家の形成へと向かった。

古代日本の戦争

ここまでは倭国の時代の話である。大宝《たいほう》元年（七〇一）に日本《にっぽん》という国号に替え、律令《りつりょう》国家が成立してからは、我が国はほとんど対外戦争をおこなっていない。

八世紀後半、藤原仲麻呂《ふじわらのなかまろ》（恵美押勝《えみのおしかつ》）によって新羅侵攻が計画されたが、結局は派兵はおこなわれなかった。

平安《へいあん》時代に入ると、日本は「積極的孤立主義」の立場に立った。海外の紛争に巻き込まれることなく、日本の外圧および外圧と内乱・国内治安問題との結合を避けようとしたのである。

九世紀に新羅の海賊がしばしば九州各地に上陸し、大きな被害をもたらした。対新羅関係が悪化すると、日本が「神明《しんめい》の国」であるという神国《しんこく》思想が現われ、また天皇の支配する領域の外は穢《けがれ》の場所とする王土《おうど》王民《おうみん》思想も形成された。新羅やそれにつづく高麗《こうらい》を「敵国」とみなす発想も醸成されていった。

十一世紀前半、刀伊《とい》（東女真《ひがしじょしん》族）が北部九州に侵攻し、多くの日本人を殺害し、また拉致《らち》した（「刀伊の入寇《にゅうこう》」）。大宰権帥《だざいのごんのそち》藤原隆家《たかいえ》の指揮する九州の武士の奮戦と、高麗による討伐によって、刀伊を撃退したが、拉致された日本人の多くが殺された。ただ、これを国家間の対外戦争とみなすことはできない。

日本と戦争

以上を要するに、古代の日本（および倭国）において海外で実際に戦争をおこなったのは、四世紀末から五世紀初頭にかけての対高句麗戦、七世紀後半の白村江の戦の二回しかなく、その後も十六世紀末の秀吉の半島侵攻のみであって（海外勢力の侵攻を撃退した蒙古襲《もうこしゅう》来《らい》も、ここでは対外戦争に含めない）、前近代の日本（および倭国）は対外戦争の経験がきわめて少なかったのである。したがって、日本（および倭国）は、戦争のやり方に習熟する機会もなく、概して戦略的にも戦術的にも、戦争は下手である。戦争を論理的に分析することもなく、カール・フォン・クラウゼヴィッツ『戦争論』のような戦争哲学書が生まれる土壌には、まったく欠けていた。

ただし重要なのは、近代日本のアジア侵略は、その淵源《えんげん》が古代以来の倭国や日本にあったということである。長い歴史を通じて蓄積された帝国観念、そして対朝鮮観と敵国視が、一定の歴史条件によって噴出した事態こそ、秀吉の「唐入《から》り」であり、近代のアジア侵略だったのである。

倭王権の成立以来の古代における朝鮮諸国との関わり方、そして中国や朝鮮諸国の日本（および倭国）との関わり方こそ、後世の対アジア関係に大きな影響を与えたことを、我々は考え直す必要があるのである。近代のことを考える際には、近代や近世のことだけを考えたのでは不十分であり、古代以来の蓄積を考える必要がある。これから、古代の対外戦争とその影響を考えていくことにしよう。

なお、引用する史料は原則として現代語訳したものを掲げる。また大王《おおきみ》や天皇の漢風諡《し》号《ごう》（贈り名）は、奈良時代後期になってから付けられたものであるが、この本では便宜上、即位以降には漢風諡号によって呼称することとする。

目次

第一章　高句麗好太王との戦い　四〜五世紀

1　北東アジア世界と朝鮮三国

倭王権の成立

大和盆地南東部の三輪《みわ》山の山麓、三世紀後半になってまったく新しく政治的に出現した纒向《まきむく》の大規模遺跡は、全国的な性格を持つ、初期倭《わ》王権の王宮であった。もちろん、いわゆる「邪馬台国《やまと》」とは別個の問題である。『三国志《さんごくし》』魏書《ぎしょ》「烏丸・鮮卑・東夷伝」倭人条（いわゆる『魏志《ぎし》倭人伝』）に描かれた弥生《やよい》時代の女王「卑弥呼《ひめみこ》」の宮が周囲を防御施設で守られた環濠《かんごう》集落であったのに対し、纒向遺跡は運河で全国各地や朝鮮・中国に対しても開かれた、まったく新しい性格を持つ王宮なのであった。

倭王権の成立と軌を一にして纒向の地に築造されはじめた巨大前方後円墳は、強い画一性あるいは統一性を有しており、倭王権を盟主とする畿内《きない》（ウチックニ）および周辺諸部族、瀬戸内海沿岸諸部族、北東九州および山陰の諸部族の政治的・祭祀的結集の形成が想定できる（近藤義郎『前方後円墳の時代』）。

ただし、これはあくまで考古学的成果から導き出された結果であって、これらを短絡的に記紀《きき》（『古事記《こじき》』と『日本書紀《にほんしょき》』）の伝える「大和朝廷」と地方勢力との戦いの結果と結びつけたり、初期倭王権の盟主墳と記紀の伝える「天皇」とを結びつけたりするのは、まったく意味のないことである。万世一系の天皇系譜というのは、まったく形成されていなかったのみならず、倭王権の盟主を出す血縁集団（「大王家」）すら、六世紀までは固定されてはいなかったのである。

『古事記』や『日本書紀』が後世に政治的意図によって作られた歴史書である以上、三、四世紀の倭王権の様子を直接的に示す文献史料は存在しないが、石上神宮《いそのかみ》（現奈良県天理市布留町）に伝わった七支刀《しちしとう》の銘と、高句麗好太王碑《こうくりこうたいおうひ》の銘から、その対外関係を推定することができる。まずはこの時期の北東アジア世界について、簡単に説明しておこう（朝鮮三国については、田中俊明「朝鮮三国の国家形成と倭」）。

高句麗の覇権

最初に政治的成長を遂げた高句麗は、朝鮮半島南部の百済《ひゃくさい》・新羅《しんら》・加耶《かや》が韓《かん》族であったのとは異なり、北方のツングース系民族である貊《はく》族を主体とする。現在の中国と北朝鮮の国境を流れる鴨緑江《おうりょっこう》の中流域から興《おこ》り、南下して朝鮮半島の大国となった。最初の王都は卒本《そつほん》（忽本《こつほん》。現中国遼寧省桓仁満族自治県）で、二〇九年に国内城《こくない》（丸都城《がんと》。現中国吉林省集安市）

に遷《うつ》った。

二四二年以来、中国の魏《ぎ》の侵攻を受け、二四四年には国内城が陥落《かんらく》し、東川《とうせん》王は各地に逃れることとなった。美川《びせん》王の時代には、逆に中国の分裂・抗争に乗じて漢《かん》の置いた楽浪《らくろう》郡（現北朝鮮平壌市楽浪区域土城洞）やその南の帯方《たいほう》郡（現韓国ソウル特別市付近か）を攻撃するようになり、三一三年に楽浪郡、ついで帯方郡を滅ぼすに至った。

その後、慕容《ぼよう》氏が遼東《りようとう》半島を支配するようになると、高句麗はこれと直接対峙《たいじ》した。燕《えん》王を称した慕容皝《こう》は三四二年に高句麗王都に侵攻し、国内城はふたたび陥落した。燕（前《ぜん》燕《えん》）はその後、勢力を中国南方に拡大するようになり、次第に衰微《すいび》していった。

高句麗は燕に服属しながらも、朝鮮半島南部において勢力を伸ばしつつあった百済との抗争に注力するようになった。

百済の自立

三世紀末には、朝鮮半島西部においても政治的統合がおこなわれ、三四六年に伯済《はくさい》国から興った百済が馬韓《ばかん》を統一した。その中心は漢城《かんじよう》である。現韓国ソウル特別市松坡区の漢《かん》江《こう》南岸で、王宮のある風納土城《ふうのうど》（北城）を中心とし、南方の夢村土城《むそんど》（南城）とともに漢城（慰礼城《いれい》）を構成していたと見られている。

伝説では高句麗の始祖朱蒙《しゅもう》の子である温祚《おんそ》が漢城に来て国を建てたと言われる。そのため、支配者層は高句麗からやって来たと考えられている。

四世紀後半の近肖古王《きんしょうこ》の時代に大きく勢力を強め、高句麗との抗争をつづけた。高句麗に対抗するため、三七二年に中国江南《こうなん》の東晋《とうしん》に朝貢《ちょうこう》して冊封《さくほう》（その国の首長に王などの中国の爵号を与え、形式的な君臣関係の下に置いて中国の支配秩序に組み込むこと）を受け、一方で加耶諸国と結び、さらに倭国に接近した。

新羅の高句麗従属

三五六年には斯盧《しろ》国から興った新羅が朝鮮半島南東部の辰韓《しんかん》を統一している。現在は韓国慶尚北道慶州市となっている金城《きんじょう》を中心とする。最初の中心地は金城の南山《なんざん》北西部に集中しているが、後に中心部の月城《げつじょう》付近に移動している。

新羅は百済よりも成長が遅れた。朝鮮半島南東部は農業などの生産性が低く、高句麗はもちろん、百済よりもはるかに貧しかったのである。また、その地理的環境から、中国に直接、使節を派遣することができなかったため、中国との交渉にも不便を来たした。三七七年に中国華北《かほく》の前秦《ぜんしん》に遣使をおこなった際も、高句麗にともなわれてのものであった。こういった点からも、新羅は高句麗に従属せざるを得なかったのである。

倭国は四世紀を通じて中国への朝貢を絶っていたのであるが、倭・百済・新羅の三国は、このような北東アジア情勢のなかでほぼ同時期に王権を形成したのである。この後、高句麗・百済・新羅の三国は、互いに抗争と連携をくりかえしながら、それぞれの発展を見せていくのであるが、つねに分裂していた中国諸王朝の動きがそれに関わってくることになるし、それに連動して、倭国もその渦中に巻き込まれていくことになる。

加耶と倭国

なお、朝鮮半島南部の弁韓《べんかん》（弁辰《べんしん》）は統一されないまま、加耶諸国として小国が分立しているという状況であった。この地域は小盆地がそれぞれ独立した地形を形成し、地域ごとに邑落《ゆうらく》を形成していった。このようなことが可能となったのは、ひとえにこの地域が鉄資源に恵まれていたからであった。

すでに『三国志《さんごくし》』魏書東夷伝弁辰条に、

弁辰（弁韓。加耶のこと）は、また十二国有る。……国は鉄を産出する。韓・濊《わい》・倭は皆、従ってこれを取る。

と記されているように（『後《ご》漢書《かんじょ》』東夷伝辰韓条にも同様の記事がある）、倭国も六世紀まではこの地域の鉄生産に依拠していた。

最初に加耶諸国の中心的立場に立ったのは、好太王碑に見える「任那《みまな》加羅《から》」つまり任那で、朝鮮半島東南端の金官《きんかん》国（現韓国慶尚南道金海市）のことである。『三国志』では「狗邪《くや》国」と記載されていた。「大加耶《だいかや》」とも呼ばれ（現韓国慶尚北道高霊郡を中心とする大加耶とは異なる）、倭国の対半島交渉の中継地であった。

『三国史記』の「倭人」新羅侵攻記事

じつは、新羅を継いだ高麗《こうらい》の金富軾《きんふしょく》によって一一四五年に編纂《へんさん》された史書である『三国《さんごく》史記《しき》』の新羅本紀には、始祖とされる赫居世居西干《かくきょせいきょせいかん》の時代以来、新羅が「倭人」や「倭兵」による侵攻を受けたものの、これを撃退したという記事が数多く記録されている。『三国史記』の紀年《きねん》によると、紀元前五〇年から三九三年にかけてである。

これらのうち、四世紀末の記事については、後に述べる倭国と高句麗との戦いに関連して、一定の史実性も認められるものの、それ以前、倭国が弥生時代であった時期の記事については、とても史実を反映したものとは思えない。

日本列島方面からの海賊を大げさに記述したものかとも思えるが、そもそも『三国史記』にこのような古い時代の原史料が存在したのかという問題も含め、これらの記事を鵜《う》呑《の》みにするのは危険である。ここには『三国史記』編纂時の高麗、ひいては統一新羅の時代に日本が仮想敵国であったという事実の投影を読み取るべきであろう。

一方、三世紀や四世紀の倭王権の様子を直接的に示す文献史料は、日本側にも存在しない。七支刀の銘と高句麗好太王碑文に加えて、『日本書紀』や『三国史記』の記事を注意深く読み説き、そこから一定の史実を汲みとることによって、倭王権成立直後の対朝鮮関係を描き出すこととしよう。

2 百済からの救援要請

石上神宮の七支刀

高句麗《こうくり》と百済《ひゃくさい》が抗争をつづけるという半島情勢のなか、倭《わ》王権は加耶《かや》諸国の鉄資源を確保するため、百済からの出兵要請に応じ、朝鮮半島に対して軍事介入した。

倭王権の軍事を分掌《ぶんしょう》した物部《もののべ》氏の氏神《うじがみ》であった奈良県の石上《いそのかみ》神宮に伝わった七支刀《しちしとう》は、一八七四年（明治七）に大宮司《だいぐうじ》の菅政友《かんまさとも》（水戸《みと》藩出身の史学者）によって、刀身に六十一字の金象嵌銘文《きんぞうがんめいぶん》が施されていることが発見された。七支刀という名は、主身の左右に三本ずつの枝刃を出して、計七本の刃を持つかたちに由来する。

その銘文には、泰和《たいわ》（太和）四年（三六九）という、我が国の歴史における最初の絶対年代が刻まれているとともに、古代を通じて深い関係にあった百済と倭国との外交の端緒が語られている。

その銘文を解読する前に、『日本書紀』に、この七支刀と関連すると考えられる記事があるので、こちらから見ていくことにしよう。

『日本書紀』神功紀の百済外交記事

「三韓征伐」説話の主人公として設定され、仲哀《ちゅうあい》の「皇后」とされている気長足姫尊《おきながたらしひめのみこと》（神功皇后《じんぐうこうごう》）が、『日本書紀』では仲哀の死後に「摂政《せっしょう》」をおこなったということになっている。神功摂政前紀・仲哀九年には新羅親征《しんらしんせい》と「三韓征伐」の物語が載せられているが、これは後に述べる百済の要請を承けた半島出兵と高句麗との戦争（と白村江《はくそんこう》の戦）を基にして作られた説話を、年時を遡らせて仲哀の死の直後に置いたものであろう。

その神功の摂政四十六年というと、『日本書紀』の紀年《きねん》そのままでは西暦二四六年に相当するが、このあたりの年代は干支《かんし》二運《うん》、つまり百二十年繰り下げるべきであるとされて

金官加羅（鳳凰土城）

おり、そうすると三六六年ということになる。その年の三月の記事に、倭国の斯摩宿禰《しまのすくね》が、金官《きんかん》国（現韓国慶尚南道金海市）の西に近接する卓淳《とくじゅん》国（現韓国慶尚南道昌原市）に到ったところ、百済が二年前に倭国との通《つう》交《こう》を仲介するよう卓淳国に求めてきたことを卓淳王から教えられたという記事がある。

「百済の王（近肖古王《きんしょうこ》）は、東方に日本という貴い国があることを聞き、私たちを遣わして、その貴い国に朝貢《ちょうこう》させた。そのため、道路を探して、この国（卓淳国）に来てしまったのである。もしよく私たちに教えて、道路を通わさせてくだされば、私たちの王は、きっと深く君王を徳といたすでしょう」

ところが、卓淳国の方も倭国と通交したことがないので、道がわからないとして、百済の使者を帰した、とある（『日本書紀』）。倭国のことを「貴国」と呼称しているのは、遣隋《けんずい》使《し》以降の倭国の主張を踏まえた、百済系外交史料の『百済記《ひゃくさいき》』を原史料としているからであろう。それまで通交のなかった卓淳国に倭国からいきなり使者が派遣されるというのも不自然であるが、それはともあれ、倭国の使者は卓淳国から百済に従者を遣わして百済の近肖古王と接触し、近肖古王は使者に五色の綵絹《しみのきぬ》各一匹、角の弓箭《ゆみや》、鉄鋌《ねりかね》四十枚を贈ったことになっている（『日本書紀』）。

鉄鋌というのは長さ一五～二〇センチメートルくらいの鉄の延べ板（インゴット）で、加耶地方の王墓に大量に副葬されている他、大倭《やまと》・河内《かわち》の五世紀の古墳からも出土する、倭国にとってはまさに垂涎《すいぜん》の品であった。百済は倭王権成立以来の倭国の欲求を知悉《ちしつ》していたという設定となっている。

その結果、神功摂政四十七年（三六七？）四月に、百済の使者三人が、新羅の使者とともに、倭国に「朝貢」してきた。「朝貢」という表記は、もちろん、『日本書紀』編者、ひいては日本古代国家の主張である。百済の「貢物《みつきもの》」が新羅のものとくらべて貧弱であることを咎《とが》められた百済の使者は、途中で新羅に捕えられ、「貢物」も新羅に奪われてしまったと訴えた。ここに倭国は四十九年（三六九？）に新羅をふたたび征討したということになっている（『日本書紀』）。「ふたたび」というのは、摂政前紀でも新羅を征討したことにしているので、こう記すより仕方がなかったのである。ここには、百済と新羅の敵対関係や、倭国（および日本古代国家）からの新羅敵国観がうかがえよう。

その後、五十年（三七〇?）、五十一年（三七一?）、五十二年（三七二?）と、百済から使者が派遣され、五十二年に献上されたことになっているのが、「七枝刀《ななつさやのたち》一口・七子鏡《ななつこのかがみ》一面、及び種々の重宝」である。この「七枝刀」が石上神宮の七支刀であることは確実で、そこに泰和（太和）四年（三六九）という年号が刻まれていることから、『日本書紀』のこの辺の紀年にも、何らかの史実が反映されている可能性も、まったくないわけではないことになる。なお、これらの百済からの使節は、『三国史記《さんごくしき》』百済本紀には見えない。

七支刀の銘文

それでは、その七支刀の銘文を見てみることにしよう。銘文は以下のとおりである。

表　泰和四年五月十六日丙午正陽造百錬銕七支刀生辟百兵宜供供侯王□□□□作

（泰和四年五月十六日、丙午正陽《せいよう》。百練鋼の七支刀を造る。生みて百兵を辟《さ》く。供供たる侯王《こうおう》に宜《よろ》し。□□□□作る。）

裏　先世以来未有此刀百慈王世子奇生聖音故為倭王旨造伝示後世

（先世以来、未だ此《か》くの刀有らず。百慈〈百済〉王の世子《せいし》奇生《きす》、聖音《せいおん》にして、故《ことさら》に倭王の為に旨造《しぞう》し、後世に伝へ示す。）

これを解釈すると、百済王の世子（後の近仇首《きんきゅうしゅ》［貴須《きす》］王）がこの七支刀を倭王のために旨造（精巧に造る）させ、これを贈与するので、後世に伝えるように、という意味であろう。

かつてはこれを、百済から倭国に貢上《こうじょう》されたものであるとか、逆に百済から倭国に下賜《かし》したものであるとかいう、今にして思えば形式主義的な議論が、日韓古代史学界で戦わされたが、外交の場において、一つの贈与について双方から異なる解釈をおこなうことはよくあることであるし、この銘文を素直に読めば、両国のあいだに無理に上下関係を想定しなくても、ただの贈与と考えれば済む話ではないかと思える。

この泰和（太和）四年というのは中国の東晋《とうしん》の年号であり、西暦三六九年にあたる。神功摂政五十二年が干支を二運繰り下げると三七二年にあたることから、三六九年に造った七支刀を、三七二年に倭国に持って来るということは、まことに辻褄《つじつま》が合う話である（話ができ過ぎている感もするのだが）。

百済側の事情

それでは、百済の側から、それまで王権レベルでは通交のなかった倭国に対して、このように接近してくることの外交的な意味は、どのあたりにあったのであろうか。
それはひとえに、この時期、百済が領域拡大策をとる高句麗と対立していたことによるものである。この七支刀が造られた三六九年、高句麗の故国原《ここくげん》王は兵二万を率いて百済を南伐し、雉壌《ちじょう》（原州《げんしゅう》。現北朝鮮黄海南道延白郡銀川面）で戦ったが敗れている（『三国史記』高句麗本紀・百済本紀）。高句麗南下の危機に瀕した百済は、倭国と同盟を結ぶことによって、この危機を乗り切ろうとしたのであろう。

七支刀はいわば、倭国に軍事援助を求めるためのしるしということになる。なお、三七一年、倭国との同盟の見通しのついた百済は、逆に兵三万で高句麗の平壌《へいじょう》城（丸都《がんと》城。現中国吉林省集安市）を攻め、故国原王は流れ矢に当たって戦死した（『三国史記』高句麗本紀・百済本紀）。

そしてそれ以降もつづく高句麗と百済の抗争の波は、倭国にも押し寄せてくることになる。こうして高句麗と百済の抗争、そして朝鮮半島情勢に、倭国も介入していくこととなったのである。これまで本格的に国家間の外交というものを知らなかった倭王権は、百済からの誘いに一も二もなく乗せられてしまったということになる。そしてそれが、今日までつづく半島と我が国との関係の出発点となったのである。

3　高句麗との戦い

好太王の逆襲

高句麗《こうくり》では、故国原王《ここくげん》の後を嗣いだ小獣林王《しょうじゅうりん》の治世の三七五年・三七六年・三七七年、そのつぎの故国壌王《ここくじょう》の三八六年・三八九年・三九〇年にも、百済《ひゃくさい》との戦闘が断続的におこなわれ、一進一退の攻防が繰りひろげられた（『三国史記《さんごくしき》』高句麗本紀・百済本紀）。

三九二年正月には、高句麗から新羅《しんら》に使者が派遣され、新羅側は、「高句麗が強盛であったので、伊飡大西知《いさんだいせいち》の子実聖《じっせい》を人質として送った」とある（『三国史記』新羅本紀・高句麗本紀）。新羅は王である奈勿尼師今《なこつにしきん》の甥《おい》を高句麗に送り、服属を誓ったことになる。

その前年の三九一年五月、故国壌王の子である好太王《こうたいおう》（広開土王《こうかいどおう》）が即位した。好太王はその諡号《しごう》のとおり、国土を拡大し、はじめて「太王《たいおう》」を称した王である。西方では後燕《こうえん》に侵攻し、北方では契丹《きったん》を征伐し、東方では東扶余《ひがしふよ》を征服したが、南方の朝鮮半島では主に、新羅を支配下に置き、百済の領土に侵攻するというかたちで、国土拡大をおこなった。好太王は即位直後の三九二年七月から百済への遠征をおこなったのであるが、彼が即

好太王碑

位した三九一年こそ、好太王碑《こうたいおうひ》に刻まれている辛卯年《しんぼう》ということになる。

高句麗好太王碑

四一三年に死去した好太王の墓（太王陵《たいおうりょう》。現中国吉林省集安市）の傍らに、四一四年、子の長寿《ちょうじゅ》王が碑を建てた。もちろん、父である好太王の功績を讃《たた》えるとともに、高句麗の開国伝承と「守墓人《しゅぼにん》の烟戸《えんこ》」（陵墓の守衛に使役される民戸）を明記するためである。

この碑は一八八〇年（明治十三）頃に清《しん》の農民によって発見された。そして一八八四年（明治十七）に、陸軍の情報将校であった酒匂景信《さこうかげあき》が拓本《たくほん》を参謀本部に持ち帰って、日本でも知られるようになった。

戦後の一九七〇年代になって、酒匂が碑に石灰を塗って碑文を改竄《かいざん》し、日本の半島侵略の先駆者として宣伝に使おうとしたという「学説」が登場したが、現在では完全に否定されている（徐建新『好太王碑拓本の研究』）。酒匂本以前に作成された墨本《ぼくほん》や拓本も酒匂本と完全に一致していることがその根拠であるが、そもそも碑文の内容を解読すれば、それが帝国日本の半島侵略にとってまったく意味のないものであったことは明らかである。

好太王碑の倭国

さて、その好太王碑の三段からなる文のうち、第二段が好太王の功績を刻んだものであるが、そこに倭《わ》国が登場する。

それを年代順に整理すると、以下のようになる。

・辛卯年(三九一)以前
百済と新羅はもともと、高句麗の「属民《ぞくみん》」として朝貢《ちょうこう》していた。

・辛卯年(三九一)
倭が海を渡って百残(百済)・□□・新羅を破り、「臣民《しんみん》」とした。

・永楽《えいらく》六年(三九六)
これに対し高句麗は、好太王自ら水軍を率い、百済を討科《とうか》して十八城を取り(列挙された城は五十三)、百済は生口《せいこう》(奴隷《どれい》)と布を高句麗に献じ、奴客《ぬきやく》となることを誓った。

・永楽九年(三九九)

百済は誓いに違って倭と和通《わつう》した。好太王は平壌《へいじょう》に巡化（巡幸して教化すること)した。倭は百済・新羅国境に満ち、城池を潰破して百済(「奴客」)を民とした。新羅は遣使して、倭人が百済を民としたことを高句麗に告げ、命を請うた。

・永楽十年（四〇〇）
高句麗は歩騎《ほき》五万を遣わして新羅を救い倭賊《わぞく》を退けた。倭は新羅城のなかに満ちていた。高句麗は任那加羅《みまなから》（現韓国慶尚南道金海市）に追撃し、城は帰服した。

・永楽十四年（四〇四）
倭は帯方界《たいほうかい》（半島西岸の高句麗・百済国境付近）に侵入したが、高句麗軍と戦って、ついに潰敗《かいはい》し、斬殺《ざんさつ》されること無数であった。

結果的に倭国は大敗を喫したのであり、帝国陸軍が宣伝に使えるような内容ではなかったことは明らかである。なお、辛卯年の「而倭以辛卯年来渡海破百残□□新羅以為臣民」の解釈をめぐって、特に韓国・北朝鮮の学界から、高句麗が海を渡って倭を破ったという解釈が出ている。それらの解釈には文法的に無理があるのであるが、こういった異論が出される根底には、倭国が朝鮮諸国を「臣民」とするという記述に、近代の植民地時代の経験（「皇民化《こうみんか》政策」）からもたらされた日本への嫌悪感が存在するものと思われる。

しかし、この碑文を素直に読めば、これは長寿王が好太王の功績を讃えるために、対戦相手である倭国を過大に強大化して記述していることによるものであり、それらを取りのぞいたとしても、これらの出兵と戦闘の史実性までは動くことはないと思われる。

倭国の「渡海」

まず、碑文で三九一年以前に百済と新羅が高句麗の「属民」であったということは、百済と高句麗との抗争、また新羅が高句麗に人質を送ったという事実を、高句麗側から表現したものであろう。

問題の碑文の三九一年の倭国の「渡海《とかい》」と「臣民」であるが、この「渡海」を朝鮮半島への軍事侵攻と解釈せず、百済の要請を承けた派兵と捉え、これを交戦国の高句麗側から過大に表現したものと考えれば、実際に倭国の将兵が海を渡って半島南部に上陸したことは、史実とみなしても差しつかえないものと考えるべきであろう。

『三国史記』新羅本紀の三九三年五月の倭人による金城《きんじよう》（現韓国慶尚北道慶州市）包囲と新羅の挟撃《きようげき》記事も、倭国の半島上陸と新羅王都への入城を誇張して記録したものであろう。この時期にはまだ、新羅と倭国は通交のある関係ではなかった。

「臣民」についても、倭国が別に「百残□□新羅」（□□に入るのを加耶《かや》と考えれば、百済・加

慶州遠望

耶・新羅）を自国民としたと考えなくても、倭国軍が百済や加耶と共同の作戦をとって高句麗と対峙《たいじ》したと解釈すべきである。その際、倭国の将が百済や加耶に対して軍事顧問的な役割を果たした可能性もあり、倭国が指導的な立場に立つ局面も存在したのであろう。『三国史記』百済本紀の三九七年七月条に見える「大《だい》閲兵《えっぺい》」などは、（年紀に問題はあるものの）倭国・百済・加耶共同戦線の軍事行動と考えるべきであろう。

新羅が含まれることはいささか不審であるが、高句麗に服従していたはずの新羅が、（これも年紀に問題はあるものの）四〇二年三月に倭国に通交して人質を出しているなど、高句麗の影響下から離れて倭国に接近する動きを見せており、そうした動向を高句麗側から記述したものなのであろう。なお、『日本書紀』応神《おうじん》七年（三九六？）にも、新羅朝貢の記事があるが、これなども新羅の倭国への接近を反映したものであろう。

近年発見された『諸番職貢図巻《しょばんしょくこうずかん》』では、新羅が「或る時には韓《かん》に属し、或る時には倭に属した」と記しているが、こういった状況を踏まえての表現と思われる。

碑文では三九六年に好太王自らが水軍を率いて百済を討伐したことが見えるが、これは『三国史記』百済本紀・高句麗本紀に三九二年七月から三九九年八月にかけて伝えられている高句麗と百済の戦闘を反映したものであろう。

三九一年には倭国は半島に進出していたにもかかわらず、この戦闘に参加したとは見えないが、これは一時的に倭国と百済の関係が悪化したためなのかもしれない。『日本書紀』応神三年（三九二?）に、百済の辰斯王《しんし》が立ったが、倭国王（原文では「貴国の天皇」とあるから、原史料は百済系外交史料の『百済記』《ひゃくさいき》）に対して礼を失した。そこで倭国はそれを詰責《きっせき》させたところ、百済国は辰斯王を殺して阿花《あか》を立てて王とした、という記事がある。ほんとうに倭国から無礼《ぶらい》を咎《とが》められたので百済が国王を殺して謝罪するなどということが起こったとは思えないが、両国関係が悪化していたことを反映した記事である可能性もある。

さて、碑文と『三国史記』百済本紀が語るとおり、三九六年の戦闘は高句麗の大勝に終わったようで、百済としては倭国への要請を強めたことであろう。碑文に三九九年のこととして、百済が倭と和通したとあり、『三国史記』百済本紀に三九七年のこととして、百済王（阿莘《あしん》王）が倭国と友好関係を結び、太子の腆支《てんし》を人質に送ったとあるのが、これにあたるのであろう。『日本書紀』にも、応神八年（三九七?）のこととして、阿花王（阿莘王）も倭国に礼が無かったので（三九六年に高句麗に生口と布を献じ、奴客となることを誓ったことを指すものか）、倭国が枕弥多礼《とむたれ》（現韓国済州島《さいしゅう》）と東韓《とうかん》の地を奪った。そこで王子直支《とき》（腆支）を差し出して先王の好誼《こうぎ》を修めた、とある。

その結果、倭国がおそらくはこれまでとは異なる大軍を渡海させたのであろう。碑文に、倭が百済・新羅国境に満ちたというのは、この状況を指しているものと思われる。百済の倭国への依存を表現したのが、碑文の「奴客を以て民と為す」という文であろうと思われる。『三国史記』百済本紀の四〇三年二月に倭国の使者が来たので、百済王が慰労《いろう》したという記事が、これに相当するのであろう。

この状況を新羅が高句麗に告げた。新羅は倭国よりも高句麗の支配を選んだということになる。いよいよ高句麗と倭国の対戦が迫ってきたのである。

対高句麗戦

碑文によれば、四〇〇年、高句麗は歩騎五万で新羅を救い、新羅城（金城のことか）のなかに満ちていた「倭賊」を退けた。そして任那加羅まで追撃したとある。このあたり、『三国史記』の記事がないのであるが、新羅本紀で四〇五年四月にかけられている、倭兵が明活城《めいかつ》（現韓国慶尚北道慶州市）を攻めて帰るところを騎兵で追撃し、これを破って三百余名を斬殺したという記事が、新羅側から見たこの戦闘の様子なのであろうか。

その後、碑文によれば四〇四年、倭が帯方界に侵入したので高句麗がこれと戦い、倭軍は潰敗して斬殺されること無数であったとある。帯方界というと半島の西岸であるが、『三国史記』百済本紀に三九七年のこととして見える「大閲兵」のような状況が帯方界でおこなわれていたので、高句麗の追討を受けたのであろう。

以上、倭国が三九一年以来、百済の要請を承けて渡海し、共同の軍事行動をとって、新羅に攻め入り、四〇〇年には新羅・加耶戦線で、四〇四年には百済北部の帯方界戦線で、いずれも高句麗と戦って大敗したことが推定できる。

敗戦の原因

敗戦の原因としては、倭国軍が短甲《たんこう》（枠に鉄の板を革紐で綴《と》じたり鋲《びょう》で留めたりした加耶由来の重い甲《よろい》）と大刀で武装した重装歩兵を中心とし、接近戦をその戦法としたものであったのに対し、すでに強力な国家を形成していた高句麗が組織的な騎兵を繰り出し、長い柄を付けた矛《ほこ》でこれを蹂躙《じゅうりん》したことによるものと考えられる。歩兵にしても、高句麗のそれは鉞《まさかり》を持った者や、射程距離にすぐれた強力な彎弓《わんきゅう》を携えた弓隊がいたことが、安岳《あんがく》3号墳の壁画から推定されている（松木武彦『人はなぜ戦うのか』）。

歩兵と騎兵との戦力差は格段のものがあり（一説には騎兵一人につき歩兵数十人分の戦力であるという）、これまで乗用の馬を飼育していなかった倭国では、これ以降、中期古墳の副葬品《ふくそうひん》に象徴されるように、馬と騎馬用の挂甲《けいこう》（鉄や革でできた小札《こざね》を縦横に紐で綴じ合わせた大陸の騎馬民族由来の軽い甲）を積極的に導入していった。

なお、「馬」を「うま（むま）」と訓じるのは、中国語の「マ」（もしくは「バ」）が転じたものである。つまり倭語にはあの動物を表わす言葉がなかったのである。ほとんど見たこともなかったのであるから、それも当然である。また、馬のことを駒というのも、「高麗《こま》」つまり高句麗の動物という意味なのであった。

王権が成立して間もなく、支配体制も確立していないこの時期の海外派兵は、いかにも性急に過ぎる感が強い。いくら何でも、外国と戦争をおこなうことで国内支配の進展が見込めるといった段階でもなかろう。百済からの要請に冷静な外交判断を失い（そもそも、それまで外交判断というもの自体がなかったのかもしれないが）、無謀な戦争に踏み込んでいったというのが実状であろうか。倭国の外交を担当している実務者のなかに、百済出身の者がいたのかとも考えたくなってくる。

さて、この二回の戦闘において、いったい何人くらいの倭国兵が動員され、そして何人くらいの戦死者を出したのであろうか。『三国史記』には、百済の将兵一万とか、高句麗の精騎五千や歩騎五万という兵数が記されている。これらにいかほどかの「誇張された実数」が表わされていると考えるならば、少なくとも一千人以上の兵が参加したと言えるであろう。なお、以下も同様であるが、兵の数については、双方ともに、多分に十倍ほどの誇張を含んだ人数であることは、こういった場合の常であることを付記しておく（宮崎市定「首虜数」）。倭国軍の方も、碑文では四〇四年の戦闘で「斬殺無数」、『三国史記』では四〇五年の戦闘（実体としては四〇四年の戦闘か）で「三百余名を斬殺」とあるから、かなり多数の兵士が戦死したことがうかがえる。少なくとも数百人以上の兵が海を渡り、かなりの割合の者が戦死したと考えるべきであろう。

巨大な前方後円墳《ぜんぽうこうえんふん》を構築することのできる動員力は、武器さえ持たせれば取りも直さず多数の歩兵に転換できるものではあったが、それも歩兵同士で戦った内戦ならいざ知らず、組織化された重装騎兵集団の前では、苦もなく踏みにじられたことであろう。

なお、兵士の出身地は、九州をはじめとする西国《さいごく》であったであろうことは、後の白村江《はくそんこう》の戦を考えても妥当であろうと思われる。彼ら兵士を率いた将軍は、やはり西国の地方豪族に加えて、その上位には、倭王権で外交・軍事を掌っていた、後に紀氏《き》と呼ばれることになる紀ノ川河口部を地盤とした集団や、大和盆地南西部を地盤とした、後に葛城《かずらき》氏と呼ばれることになる集団を想定すべきであろう。

対高句麗戦の影響

さて、たとえ高句麗に「潰敗」したとはいえ、この間の十数年にわたる軍事介入の過程において、一時的にせよ倭国が百済・加耶・新羅を「臣民」としたと、高句麗側の史料に見えることとは、重要な意味を持つものである（倭国が好太王碑の存在を知ることはなかったが）。

実際には、倭国が百済（や時には加耶）と一時的に軍事協力関係を結び、新羅の王都に攻め入った程度のものだったであろうが、朝鮮半島南部に軍事的な影響力を及ぼした時期があったという事実は、はるか後世に至っても、朝鮮半島に対して、倭国（および後の日本）が支配権を有しているという主張を執拗《しつよう》におこなう最初の根拠となり、両国のあいだに不幸な関係をもたらす原因が生まれたのである。

また、この戦争を通じて、対新羅観に決定的な視点が生じることとなった。実際に戦った高句麗よりも、去就の定まらなかった新羅に対して、むしろ強い敵国意識を抱くようになったものと思われるのである。それは神功皇后《じんぐうこうごう》の「三韓征伐」説話をはじめとして、『日本書紀』の幾度にもわたる新羅征伐物語に象徴されるものである。

その「三韓征伐」説話では、倭国の軍船が押し寄せるのを見た新羅王が恐怖のあまり降伏し、土地の図面と人民の籍を差し出し、頭を地につけて、

「今より以後、長く天地とともに、飼部《みまかい》となって従います。船の柂《かじ》を乾かすことなく、春秋には馬梳《はたけ》（馬の毛を洗う刷毛《はけ》）と馬鞭《むち》を献上いたします。また海を隔てて遠いことを厭《いと》わないで、年ごとに男女の調《みつき》を貢上《こうじよう》しましょう」

と誓ったことになっている。そして金・銀・彩色および綾・羅《うすはた》・縑絹《かとり》を八十艘の船に載せて「官軍」（倭国軍）に従わせた。そこで新羅王はつねに八十船の調を日本国（倭国）に貢上するのであると説明している（馬具が登場するのは、敗戦の原因を引きずっているのであろうか）。

また、高麗（高句麗）と百済の国王が、新羅が日本国（倭国）に降伏したのを知って、密かに軍勢をうかがわせると、とても勝つことができないことを知り、自ら陣営の外にやって来て、頭を地につけて、

「今より以後、永く西蕃《せいばん》と称して、朝貢を絶ちません」

と誓ったので、内官家《うちつみやけ》を定めた。これがいわゆる三韓である、と結んでいる。これが八世紀の『日本書紀』編纂時、つまり日本古代国家の朝鮮諸国に対する基本的な認識であり、

以後、日本の朝鮮諸国に対する基本的な立場として、くりかえし語られることとなる。

これ以降、壺《こう》杅塚出土壺杅（四一五年）や慶州瑞鳳《ずいほう》塚出土銀合杅《ごうう》（四五一年）、中原高句麗《ちゅうげんこうくり》碑《ひ》（四二一年もしくは四八一年）に見られるように、新羅は高句麗への従属を強めていく（森公章『東アジアの動乱と倭国』）。

もちろん、百済に対する同盟意識もまた、強固な国策として、後世にまで受け継がれることとなった。これも倭国の将来にとって、大きな影響を残す結果となったのである。

この戦争の後も、百済の阿花王（阿莘王）が四〇五年に死去すると、倭国に来ていた王子直支（腆支）に兵士百名をつけて護送し、即位させている（『三国史記』百済本紀、『日本書紀』）。百済からも多くの技術者が「貢上」されたが（『日本書紀』）、このように、加耶から鉄、百済から先進技術や文物を導入するというのが、これ以降の基本的な外交方針となる。

4　倭の五王の要求

「治天下大王」の支配

五世紀に入ると、全国各地に築造された前方後円墳の規模が古墳時代を通して最大となり、倭《わ》王権の盟主墳の築造地域が、大和盆地から河内《かわち》の古市《ふるいち》古墳群と和泉《いずみ》の百舌鳥《もず》古墳群に移動した。百舌鳥古墳群が当時の海岸線に沿って築造され、古市古墳群が難波《なにわ》から大倭《やまと》への陸上交通ルートに沿って築造されていることを考えると、これらの倭王権盟主墳は、多分に外国使節の目を意識したものと考えられよう。

『宋書《そうしょ》』夷蛮伝倭国条に記録されている倭王武《ぶ》の上表文《じょうひょうぶん》では、

昔から祖禰《そでい》（祖先）は自ら甲冑《かっちゅう》を着して、山川を巡り歩いて安寧となる暇がなかった。東は毛人《えみし》を征すること五十五国、西は衆夷《しゅうい》を服すること六十六国、海を渡って海北《かいほく》を平げたことは九十五国。

と、祖先の征服活動を語っている。武の「祖禰」というのは、四世紀末から五世紀初頭の頃に相当するものと思われるが、この頃が王族将軍によって倭王権の支配の及ぶ地域が拡大された画期だったのであろう。

五世紀の北東アジア情勢

五世紀、中国の華北《かほく》では、五胡十六国《ごこじゅうろっこく》と呼ばれた分裂時代から、三八六年に鮮卑《せんぴ》族の拓《たく》

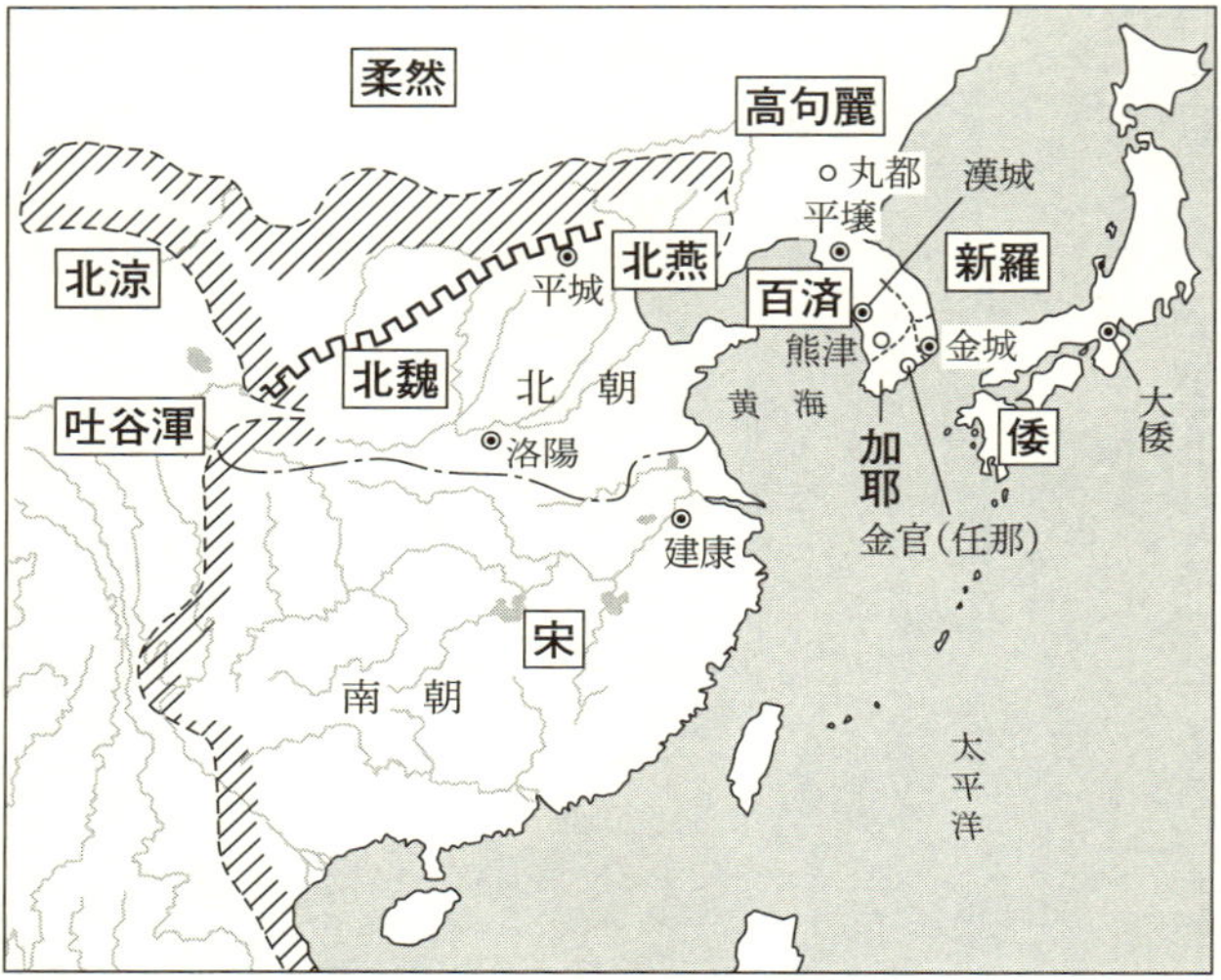

五世紀の北東アジア（森公章『東アジアの動乱と倭国』を基に作成）

跋《ばつ》氏から興《おこ》った北魏《ほくぎ》が、太武《たいぶ》帝の時代、四三一年に夏《か》、四三六年に北《ほく》燕《えん》、四三九年に北涼《ほくりょう》、四四二年に後《ご》仇池《きゅうち》を滅ぼし、百五十年にわたってつづいた分裂を収束させて、華北に統一政権を樹立した。四九三年には都を平城《へいじょう》（後の大同《だいどう》。現中国山西省大同市）から洛陽《らくよう》（現中国河南省洛陽市）に遷《うつ》している。

一方、江南《こうなん》の南朝では、東晋《とうしん》の参《さん》軍《ぐん》であった劉裕《りゅうゆう》が、四二〇年に東晋の禅譲《ぜんじょう》を受けて、宋《そう》王朝を開いた（武《ぶ》帝）。建康《けんこう》（現中国江蘇省南京市）を都とした宋は、三代目の文《ぶん》帝の治世に、元嘉《げんか》の治と呼ばれる安定を見せた。しかし、皇族内部の抗争の激化によって衰退し、四七九年に順《じゅん》帝は蕭道成《しょうどうせい》に禅譲し、蕭道成は斉《せい》王朝を開き、宋は滅亡した。この順帝こそ、四七八年に倭王武が遣使をおこなった対手《たいしゅ》である。

宋は北涼・吐谷渾《とよくこん》・北燕・高句麗《こうくり》を冊封《さくほう》し、北方の柔然《じゅうぜん》とも結んで、北魏を包囲する国際的な連合関係を構築した。倭の五王の遣使は、この宋による国際的な連合関係の一環として位置づけられたものである。

宋・建康城遺跡

また朝鮮半島では、倭国と友好関係を持っていた百済《ひゃくさい》の腆支《てんし》王が四二〇年に死去した後は宋に遣使するのが遅れるなど、北東アジアの情勢に対応できない事情があったと推測されている。百済と高句麗は、四七二年に百済が「怨《うら》みを構え、禍《わざわい》を連ねることは三十余年」と北魏に訴えているように、慢性的な戦争状態にあり（『魏書《ぎしょ》』百済国伝）、百済としては倭国を引き込んで対高句麗戦を有利な状況に持っていく必要があったのである。倭王武の上表文が、「臣（武）の亡き父の済《せい》が、高句麗が天路（宋への海路）を塞ぐのを怒って、百万の戦備を整えたところ、兵士の義声は感激し、大挙して出征しようとしたが、にわかに父兄（済と興《こう》）を喪い、成就の功を得られなくなった」と語っているのも、何かしらこの頃の国際関係を反映した主張かもしれない。

　中国王朝から見れば、時に武力で中国をも脅かす高句麗、中国との通交を維持する百済、絶域《ぜついき》の地にあってまれにしか入貢《にゅうこう》しない倭国という、北東アジア諸国の位置づけは不同のものであったとされる（森公章『倭の五王』）。なお、新羅《しんら》はいまだ高句麗に従属し（中原《ちゅうげん》高句麗碑《こうくりひ》）、五世紀中葉に至って、ようやくその支配から脱却しようとする動きをはじめるという状況であった（『三国史記《さんごくしき》』新羅本紀、『日本書紀』）。

『三国史記』新羅本紀には、実聖尼師今《じっせいにしきん》の四一五年、訥祇麻立干《とつぎまりつかん》の四三一年、四四〇年、四四四年、慈悲《じひ》麻立干の四五九年、四六二年、四六三年、四七六年、四七七年、炤知《しょうち》麻立干の四八二年、四八六年、四九七年、五〇〇年に、倭国の侵攻と撃退を伝えている。しばしば東海岸の辺境のみならず、都の金城《きんじょう》や月城《げつじょう》、その東方の明活《めいかつ》城（いずれも現韓国慶尚北道慶州市）を包囲したとあるが、はたして史実を伝えているのであろうか。この後は六六三年の白村江《はくそんこう》まで倭国の侵攻記事が見えなくなるのも不思議である。

　なお、『日本書紀』では、仁徳《にんとく》五十三年（四二五?）、雄略《ゆうりゃく》九年（四六五?）の征討を語るのみであり、五世紀の新羅と倭国の戦争の史実性を低めている。これらは単なる外交交渉を戦争のかたちで記録した、上毛野《かみつけの》氏と紀《き》氏の氏族伝承を原史料としたものと思われる。どうして『三国史記』に倭国の侵攻が数多く語られているのか、別個に考えなければならない問題である。そこには倭国というのは、つねに海を渡って侵攻してくるものだという新羅側（あるいは高麗《こうらい》側）の認識が反映されているものと思われるのである。

『三国史記』の倭国侵攻記事がなにがしかの史実を伝えているとすると、西日本各地の豪族の新羅との独自のさまざまな交渉、あるいは加耶《かや》諸国の要請を承けた倭国の外交を、このように表現したものではないだろうか。

なお、加耶諸国は、金官《きんかん》（現韓国慶尚南道金海市）・安羅《あら》（現韓国慶尚南道咸安郡）・比自火《ひじか》（現韓国慶尚南道昌寧郡）・多羅《たら》（現韓国慶尚南道陜川郡）・大加耶《だいかや》（現韓国慶尚北道高霊郡）などの諸国が分立する状況がつづいたが、四七〇年代に至り、内陸の大加耶国（大加羅《だいから》）を中心とする連盟を成立させた（田中俊明『大加耶連盟の興亡と「任那」』）。

五世紀を通じておこなわれた倭の五王の宋への遣使は、このような朝鮮半島における動きを、鋭敏に反映させたものだったのである。朝鮮半島の鉄生産に依拠していた倭国は、宋の冊封体制に組み込まれ、将軍号の叙爵《じょしゃく》（爵位《しゃくい》を授けられること）を受けてその臣下となることによって、朝鮮半島における軍事活動の正当性を獲得しようとした。

しかし、そのことはまた、百済と高句麗の対立にふたたび巻き込まれることを意味したことになる。また、倭国の王権がその正当性を宋王朝の権威に求めたことは、当時の王権の未熟性を物語っている。

倭の五王の遣使

五世紀の五人の王、いわゆる倭の五王の時代、倭国王は、東晋の四一三年から宋の全期間にかけて、南朝への朝貢《ちょうこう》をおこない、南朝の皇帝《こうてい》によって冊封を受けた（四一三年の東晋への遣使は、これを否定する説もある）。宋のつぎの南斉《なんせい》へも四七九年に遣使をおこなった可能性も考えなければならないし（氣賀澤保規「倭人がみた隋の風景」）、五〇二年に梁《りょう》に遣使したという記事も、一定の史実性を持つ可能性もある。

じつはこの冊封は、『後漢書』に見える「奴《な》国王」と「倭国王帥升《すいしょう》」（伊都《いと》国か）、『三国志』の「倭国女王卑弥呼《ひめみこ》」が、いずれも北部九州の地域政権であったとするならば、我が国の中央王権としては歴史上唯一の事例なのである。この後にも、遣隋使《けんずいし》や遣唐使《けんとうし》の時代には、倭国の大王《おおきみ》や日本の天皇は冊封を求めていないし、「日本国王」に冊封された源道義《げんどうぎ》（足利義満《あしかがよしみつ》）は国内では君主とは言いがたかった。その後も豊臣秀吉《とよとみひでよし》は明《みん》からの冊封を拒絶しているのである。倭の五王の冊封がいかに特異な事象であったかがわかる。

それと関連するのであろう、五王の一人目の讃《さん》が四二〇年の宋王朝の成立を承けて、四二一年に入貢した際には、「倭讃《わ》」と「倭」姓を称している（『宋書』夷蛮伝倭国条）。これは倭国の王が姓を持った時期があったことを示すものである（坂元義種「古代東アジアの国際関係」、吉田孝『日本の誕生』）。中国や朝鮮では姓のない者は賤民だけであり、皇帝や国王も姓を有する。外交上の要請から、倭国の王も、高句麗王の高《こう》や百済王の余《よ》に倣《なら》って、「倭」を姓として称したのであろう。

讃はこの時、冊封を受け、おそらく安東《あんとう》将軍（中国の東方を安んじる将軍号。官品《かんぽん》は百済王より低い第三品）・倭国王に叙されたのであろう。讃はこの後も、四二五年と四三〇年に朝貢をおこなっている。

また、二人目の珍《ちん》は四三八年に入貢し、使持節都督《しじせっとく》、倭・百済・新羅・任那《みまな》（金官）・秦韓《しんかん》（辰韓）・慕韓《ぼかん》（馬韓《ばかん》）六国諸軍事《しょぐんじ》、安東大将軍、倭国王の叙正《じょせい》（認定して叙爵すること）を求めた。これに対し宋は、安東将軍・倭国王のみを叙している。

三人目の済は珍とのあいだの血縁関係の記載が『宋書』夷蛮伝倭国条にはなく、ここで倭国王の系譜が断絶している可能性も、古くから指摘されている。ただし済も「倭」姓を称しており、実際の血縁関係はさておき、王権の交替はおこなわれていないことを、宋に対しては主張したことがうかがえる（森公章『倭の五王』）。じつはこの時期には、王権継承に血縁原理が導入されておらず、大王を生み出し得る特殊で神聖とされる血縁集団（大王家）が形成されてはいなかったのである（大平聡「世襲王権の成立」）。

倭の五王系図

讃

四一三　東晋に朝貢する

四二一　安東将軍、倭国王?を叙授される

四二五　朝貢する

四三〇　朝貢する

珍

四三八　使持節都督、倭・百済・新羅・任那・秦韓・慕韓六国諸軍事、安東大将軍、倭国王の叙正を求めるも、安東将軍、倭国王のみ叙授される
倭隋十三人に平西・征虜・冠軍・輔国将軍号の叙正を求め、並びに聴される

済

四四三　安東将軍、倭国王に叙正される

四五一　使持節都督、倭・新羅・任那・加羅・秦韓・慕韓六国諸軍事を加えら

れる（安東将軍は元の如し）
二十三人に軍郡を叙授される
四六〇　朝貢する

興
四六二　安東将軍、倭国王に叙爵される
四七七　朝貢する

武
四七八　使持節都督、倭・新羅・任那・加羅・秦韓・慕韓六国諸軍事、安東大将軍、倭王に叙正される
開府儀同三司、使持節都督、倭・百済・新羅・任那・加羅・秦韓・慕韓七国諸軍事、安東大将軍、倭国王を自称する
（四七九）南斉から鎮東大将軍に叙爵される
（五〇二）梁から征東将軍に叙爵される

済は四四三年に入貢し、安東将軍・倭国王に叙正されている。宋からすると、倭国王の初度の叙爵は、この地位と決めていたのであろう。四五一年の二度目の入貢に際しては、済は使持節都督、倭・新羅・任那・加羅《から》（大加耶）・秦韓・慕韓六国諸軍事を加えられ、安東将軍は「元の如し」とされている（倭国王も同様であろう）。諸軍事というのはその地域における軍事指揮権を意味し、民政権とは異なるが、とにかくも倭国王が朝鮮半島南部における軍事指揮権を中国王朝から認められたことの意義は大きい。

ただし、済も珍と同様の倭・百済・新羅・任那・秦韓・慕韓六国諸軍事を求めたものと思われるが、宋が忠実な朝貢国《ちょうこうこく》である百済における倭国の軍事指揮権を認めるはずはなかった。それに百済王の方が、宋の官品では倭国王よりも上位にあったのである。百済を外した代わりに宋は、加羅を加えて、同じ六国の諸軍事を認めるという策を使っている。新羅が含まれているのは、この時期には新羅は宋には遣使をおこなっておらず、宋から見ると倭国の軍事指揮権を認めてもかまわない存在であったからである。

四人目の興は、済の「世子《せいし》」とのみ記されていて、この時点では即位していなかった可能性が強い。済と興のあいだには世代交代をともない、このような場合に王位継承に際しての紛争が起こりやすいことは、記紀《きき》の伝承するとおりである。独力で王位を継承できなかった興は、宋によって倭国王に冊封される道を選んだものと思われるが、これもこの時期の倭国の王権の脆弱《ぜいじやく》さを象徴している。

興は四六二年に入貢し、安東将軍・倭国王に叙爵されている。これは初回としては通例のことである。興は四七七年にも朝貢をおこなっている。

倭王武の遣使

興の弟である五人目の武は、記紀の伝える雄略であったと推定される。なお、「興死して弟武立ち」という記事は、記紀で雄略が同世代の王族五人を殺して即位していることと考えあわせると、興が武に殺害されたことを語っている可能性もある。

武は四七八年に入貢し、自ら開府儀同三司《かいふぎどうさんし》を仮授《かじゆ》(自ら仮に授けること)したうえで、使持節都督、倭・百済・新羅・任那・加羅・秦韓・慕韓七国諸軍事、安東大将軍、倭国王の叙正を求めた。これに対する順帝の冊封は、使持節都督、倭・新羅・任那・加羅・秦韓・慕韓六国諸軍事、安東大将軍、倭王であった。これまでの讃・珍・済・興が最初に叙正されたのが安東将軍・倭国王であったのにくらべると、高い地位に引き上げられたことになる(開府儀同三司・百済諸軍事がのぞかれたのは当然であろう)。ただしこれは、百済、および宋王朝自体の衰微《すいび》によるものである。

済が求めた百済も含めた六国諸軍事に対し、宋は百済を外して加羅を加えた六国諸軍事を認めることで応じたのであるが、武はこれに百済を加えた七国諸軍事を求めた。しかし、宋の叙正は、やはり百済を外した六国諸軍事であった。最後まで、百済における軍事指揮権は認められないのであった。

武の上表文では、東の毛人、西の衆夷、それに海を渡った海北への祖先の征服活動と、倭国と高句麗の対立とを語っている。これは、中国南朝の国際秩序体制のなかに自己を位置づけることによって、自らの王権の正当性を国内に示し、朝鮮半島における軍事的優位性を確立しようという、当時の倭王権の体質を示すものである。

このうち、「渡りて海北を平ぐること九十五国」というのは、明らかに四世紀末から五世紀初頭にかけての、百済の要請を承けた半島出兵を指している。たとえ出兵の結果は高句麗に対する大敗であっても、その前段階で、百済と加耶諸国、それに一時は新羅に対して影響力を持ったという事実の夜郎自大《やろうじだい》的表現が、ここに表わされているのである。

武は中国の帝国に倣《なら》って、周辺の民族をも支配する、後世の「東夷《とうい》の小帝国」にもつながる中華思想の形成をめざしてはいるものの、

「封国《ほうこく》（倭国）は遠く辺地にあり、藩を外になしています。……（宋の）王道は徳がゆたかであって、土地を遠近に拓いていています。代々、中国（宋）を崇《あが》めて入朝《にゅうちょう》したこと

は、時期を失したことがありません。臣（武）は下愚《げぐ》ではありますが、忝《かたじ》けなくも先祖の遺業を継ぎ、統治する所を駆率して、天極《てんきよく》（宋の王室）を崇めて従い、道は百済を過《よ》ぎって、船舫《せんぼう》を装治しました」

と言っている。自分は、中国皇帝の徳を行きわたらせ、領土を広げる行為をおこなっていると弁明しているに過ぎないのである。武のめざした「帝国」の、中国へ向けた「倭国王」としての顔と、彼らの「天下」である倭国内と朝鮮諸国に向けた「大王」としての顔とは、明らかに使い分けられているのである。

倭の五王の遺使の影響

五世紀を通じたこれらの遺使において、倭国王が執拗《しつよう》に求めた百済における軍事指揮権こそついに認められなかったものの、新羅や加耶諸国に対する軍事指揮権を、天下を遍《あまね》く支配すると称する中国の皇帝から認められたことは、倭国の支配者の記憶に深く刻印され、後世にまで大きな影響を及ぼしたはずである。

宋としてみれば、自己に朝貢してこない国に対する軍事指揮権など、倭国の求めるとおりに認めてしまってもかまわないと、いわば無責任に考えたのであろうが、倭国や朝鮮諸国にとっては、これはたいへんな意味を持つことだったのである。

特に百済が七世紀後半に滅亡した後に、新羅が朝鮮半島を統一したことは、後世の日本が朝鮮半島全体に対して支配権を有していたと主張する根拠につながったものと思われる。もちろん、この時期に倭国が実際の軍事指揮権をこれらの地域で行使したことはない。

武は「治天下大王《ちてんかだいおう》」を称号として名のったが（埼玉県稲荷山《いなりやま》古墳出土鉄剣銘、熊本県江田船山《えたふなやま》古墳出土大刀銘）、彼が「天下」と認識したのは中国の皇帝が天帝から支配を委任された（と称する）全世界のことではなく、自らの支配が及ぶ範囲に過ぎなかった。

支配が及ぶ極界《きょつかい》と主張する東と西、つまり毛人・衆夷と、海北、つまり朝鮮半島諸国の内側を、「天下」と称したのである。天下というものをこのように考えるという観念は、倭国独自のものであり、後世に日本独自の「天皇」号、ひいては王土《おうど》王民《おうみん》思想が成立する素地が、すでにここに表われているとも考えられよう。「天下」のなかに朝鮮半島諸国が含まれているという発想は、後世、さまざまな軋轢《あつれき》をもたらすことになる。

以後一世紀余り、倭国は中国への遣使をおこなわず、冊封体制から離脱した。当然のこととして、以来、「倭」姓も用いなくなる。隋《ずい》が中国を統一するまで、倭国は朝鮮諸国の制度を継受しながら、独自の国制を形成していったのである。

第二章　「任那」をめぐる争い　六〜七世紀

百済の滅亡

朝鮮半島では、五世紀に入り、高句麗《こうくり》と百済《ひやくさい》とのあいだに激しい抗争が起こった。四七五年には、百済は高句麗によって王城である漢城《かんじよう》を攻め陥《おと》され、蓋鹵《こうろ》王は殺害された。ここに百済は一時的に滅亡したのである。『三国史記《さんごくしき》』百済本紀には、

高句麗王の巨璉《きよれん》（長寿王《ちようじゆ》）は兵三万を引き連れて来て、王都の漢城を包囲した。王は城門を閉じ、出て戦うことができなかった。高句麗人は兵を四つの道に分けて挟み撃ちにし、また風を利用して火を放ち城門を焼くと、人びとは恐れをなして、あるいは出て降伏しようとする者もいた。王は窮迫《きゆうはく》してなす術《すべ》を知らず、数十騎を連れて門を出、西の方へ逃げると、高句麗人は追っていって殺害した。

と記されている。百済は、倭《わ》国が頼りにならないということで、北魏《ほくぎ》の孝文《こうぶん》帝に援軍を要請していたのであるが、それを得ることはできなかったのである。

漢城の西方には百済王陵と見られる石村洞《せきそんどう》古墳群があるが、これ以降、高句麗の影響を受けた積石塚《つみいしづか》へと、その様式を変貌させている（第4号墳などは、本来、墳丘墓だったのを、積

石塚に外観を変化させられている)。

なお、蓋鹵王紀では、高句麗兵が押し寄せてくるのを知った蓋鹵王は、王子の文周《ぶんしゅう》を木《もく》刕《ら》満致《まんち》らとともに南へ逃げさせたことになっているが、文周王の即位前紀によると、高句麗が攻めてきて漢城を包囲したので、蓋鹵は籠城《ろうじょう》して固く守り、文周をして新羅《しんら》に救援を求めさせた。文周は援兵《えんぺい》一万を得て帰って来た。高句麗兵はすでに退去した

(上)漢城(風納土城)
(中)漢城(夢村土城)
(下)石村洞古墳群積石塚第3号墳・第4号墳

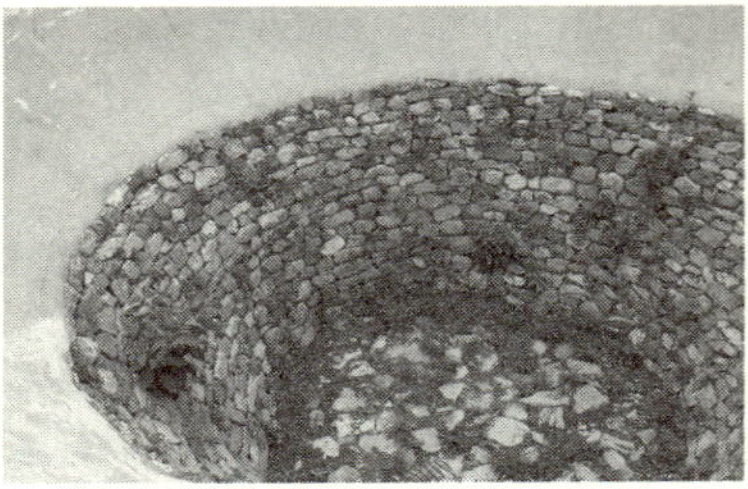

熊津・公山城推定王宮址蓮池

> けれども、城は陥落《かんらく》され王は死んだのでついに即位した。

とある。これによると新羅に援軍を要請したようである。すでに五世紀の中葉から新羅は高句麗からの自立をめざす動きが起こり、百済と共同して高句麗の圧力に対抗しようとしていたことがうかがえる。

ちなみに、『日本書紀』では、本文では雄略《ゆうりゃく》二十年（四七六?）にかけて、高句麗の長寿王が、百済を徹底的に殲滅《せんめつ》しようとする諸将に対し、「百済は日本国（倭国）の官家《みやけ》として、長い由来があると聞いている。また百済王が日本（倭国）に行って天皇に仕えることも、近隣諸国のみな知るところである」と言って追撃を止めさせたことになっている。何とも意味のわからない理由であるが、分注《ぶんちゅう》に引かれた『百済記《さいき》』では、

> 蓋鹵王の乙卯《いつぼう》の年（四七五）の冬に、狛《こま》（高句麗）の大軍がやって来て大城（漢城）を七日七夜攻撃し、王城は陥落して、ついに尉礼《いれ》国（百済）を失った。王と大后・王子ら

はみな敵の手によって殺された。

としている。こちらの方が史実に近いのであろう。

百済の再興

百済の文周王は、その年のうちに王城を南の熊津《ゆうしん》（現韓国忠清南道公州市）に遷《うつ》した。『日本書紀』ではこの後、倭国が久麻那利《くまなり》（熊津）を百済に与え、四七九年に文斤王《ぶんきん》（文周王のつぎの三斤王《さんきん》か）が死去すると、倭国に滞在していた末多王《また》（東城王《とうじょう》）に兵器と筑紫国《つくし》の兵士五百人をつけて百済に衛送《えいそう》し、即位させて百済を再興したことを語るが、とても史実とは考えられない。もちろん、『三国史記』は倭国の関与を語っていない。

とまれ、東城王は四九三年に新羅に結婚を請うて通婚《つうこん》するなど、新羅と共同して高句麗と戦った。四九五年に高句麗が侵攻してきた際にも新羅に救援を請い、新羅からの援軍でこれを撃退している。また四九八年に耽羅《たんら》（現韓国済州島）を服属させるなど（『三国史記』百済本紀）、半島南西部への進出を進めた。

1　百済の加耶進出

武寧王登場

五〇一年に即位した百済《ひゃくさい》の武寧《ぶねい》王は、五〇一年、五〇二年、五〇三年、五〇六年、五〇七年、五一二年と高句麗《こうくり》と戦ってこれを破り、一応の安定を見た。

この時期、倭《わ》国でも雄略《ゆうりゃく》が死去してから、王権は動揺をつづけていた。雄略死後の大王位継承については、不明確な部分が多い。雄略が記紀《きき》の伝える崩年よりも後の六世紀初頭まで在位していた可能性もあり、そうすると、雄略の死後、数年の空位を経て、継体《けいたい》が越《えち》前《ぜん》から迎えられて即位したということになる（倉本一宏『平安朝　皇位継承の闇』）。

継体は、近江《おうみ》・越前地方を基盤として朝鮮半島と独自の交流をおこなっており、日本海沿岸から琵琶《びわ》湖・淀《よど》川・伊勢《いせ》湾の水運を掌握した人物でもあった。この時期、倭王権の対朝鮮関係の行き詰まりを打開するために迎えられたとする説もある（大山誠一「継体朝成立をめぐる国際関係」）。和歌山県隅田《すだ》八幡《はちまん》神社所蔵の人物画像鏡銘にある、癸未《きび》年（五〇三）に意《お》柴沙加《しさか》宮（現奈良県桜井市忍阪）にいたという「男弟《おおど》王（または孚《ふ》弟王）」が即位前の男大迹《おおど》王

（後の継体）のことを指すとすると、継体は即位以前から大倭《やまと》にも本拠を有し、百済王斯麻《しま》（武寧王）と交渉をおこなっていたことになる（山尾幸久『古代の日朝関係』）。

また、六世紀を通じて、倭国は中国王朝から冊封《さくほう》はおろか朝貢《ちょうこう》も途絶していた。倭国内において鉄がようやく本格的に生産できるようになったからである。これによって中国や朝鮮半島への鉄の依存度が低下し、倭国は新たな段階の外交関係に入ったのである。

「任那四県割譲」

高句麗戦線に一定の戦果を得た百済は、半島南部の加耶《かや》諸国へと勢力を拡げていった。そして高句麗の攻勢に対抗するために、倭国の協力を求めたのである。

『日本書紀』継体三年（五〇九?）条には、任那《みまな》の倭国の県邑《けんゆう》に住む百済人で、逃亡して戸《こ》籍《せき》に漏れたまま三、四世を経た者を抜き出して百済に移し、戸籍に入れたという記事が見える。この記事からは、百済人で加耶地域に居住している者がいたことをうかがうことができ、こうした居住形態が百済に住民保護を口実に加耶地域に進出する口実を与えたという考えもある（森公章『東アジアの動乱と倭国』）。

『日本書紀』継体六年（五一二?）十二月条には、

百済は使を遣わして調《みつき》を献上し、別に上表《じょうひょう》して任那国の上哆唎《おこしたり》・下哆唎《あろしたり》・娑陀《さだ》・牟婁《むろ》の四県を賜わることを請うた。哆唎国守穂積《ほづみ》臣押山《おしやま》は、「この四県は百済に近接し、日本（倭国）からは遠く隔っております。哆唎と百済は朝夕に通いやすく、鶏や犬の声も、どちらの国のものか区別がつかないくらいです。今、百済に賜わって同じ国としたなら、この地を保つための政策としてこれに過ぎるものはありません。百済に賜わって国を合わせても、後世には危いことがあるかもしれませんが、このまま切り離しておいたのでは、なおのこと、とても何年とは守りきれますまい」と申しあげた。大伴《おおとも》大連金村《かなむら》もこの意見に同調して奏上《そうじょう》し、物部《もののべ》大連麁鹿火《あらかひ》を勅《ちょく》を宣する使にあてた。

という、いわゆる「任那四県割譲《かつじょう》」の記事が載せられている（もちろん、『三国史記《さんごくしき》』にこのような記事はない）。この『日本書紀』の記事によると、倭国に属する南西部加耶の地を百済に割譲したことになるが、これは百済の南部加耶侵攻の第一歩であり、倭国は百済の方策を支持するという基本的立場を示したと見るべきであろう（森公章『東アジアの動乱と倭国』）。『日本書紀』の立場としては、百済が海岸部の己汶《こもん》や多沙《たさ》へと進出していく前までに、自らの持つ直轄地を百済に割譲したことにしたかったということになる（田中俊明『古代の日本と加耶』）。

この「四県」の所在地は、現韓国全羅南道に属する、上哆唎が霊厳、下哆唎が光州、娑陀が咸平・茂長、牟婁が霊光・務安、と比定《ひてい》されている（田中俊明『古代の日本と加耶』）。いずれも前方後円墳《ぜんぽうこうえんふん》が存在し、倭系官人が移住していた地と考えられている。

つづいて継体七年（五一三?）十一月条には、

> 朝庭《みかど》に百済の姐弥文貴《さみもんき》将軍、斯羅《しら》（新羅《しんら》）の汶得至《もんとくち》、安羅《あら》の辛已奚《しんいけい》及び賁巴委佐《ほんはわさ》、伴跛《はへ》の既殿奚《こでんけい》及び竹汶至《ちくもんち》らを召集し、勅を宣して、己汶・帯沙《たさ》（多沙）を百済国に賜わった。

とある。ここに見える己汶と帯沙は、先の「四県」よりも東、しかも基汶河《きもんが》（現在の蟾津《せんしん》江《こう》）沿岸から半島南部の海につながる地であり、己汶は現全羅北道の南原か任実、帯沙は現慶尚南道の河東に比定されており、大加耶《だいかや》連盟の重要な外港の地であった。これで百済と大加耶連盟の関係は完全に決裂したと見られている（田中俊明『古代の日本と加耶』）。

なお、この年に百済がこの両地を確保したというのではなく、この頃に百済と加耶諸国とのあいだに己汶・帯沙領有の問題が起こり、五二一年頃までに百済への帰属が確定したものと思われる（森公章『東アジアの動乱と倭国』）。ここに百済は半島南岸にまで進出を果たしたことになる。

諸博士の上番

その頃、百済は武寧王の代の五一二年以来、中国南朝の梁《りょう》に朝貢をつづけ、それとあわせて倭国との積極的な外交もおこなっていた。その一環として、五経博士《ごきょうはかせ》が継体七年（五一三?）から「貢上《こうじょう》」され、継体十年（五一六?）、欽明《きんめい》十五年（五五四?）と交替で新たな五経博士が「貢上」された。また、別個に欽明十四年（五五三?）と欽明十五年に易博士《えきはかせ》・暦《こよみ》博士《はかせ》・医《い》博士《はかせ》などの諸博士が「貢上」されている。この五経博士は、単なる儒教《じゅきょう》の教官ではなく、漢《かん》代に皇帝《こうてい》の政治的諮問《しもん》を受けたという五経博士に准じた、きわめて政治的な任を帯びたものであったと考えられる。かつて平野邦雄氏が推定されたように、倭国に貢《たてまつ》られた五経博士が南朝人であり、百済の梁への遣使が最新の梁文化（それは南朝貴族政治の理念や制度も含むはずである）の倭国への提供につながったものとする考え（平野邦雄「継体・欽明朝の国際関係」）は、じゅうぶんに蓋然性《がいぜんせい》を有するものと言える。これらが倭国の国制の整備に果たした役割は、過小に評価すべきではなかろう（倉本一宏「氏族合議制の成立」）。

2　新羅の加耶侵攻

新羅の勃興と加耶侵攻

五世紀までは高句麗《こうくり》に従属していた新羅《しんら》も、六世紀に入ると急速に国家体制を固めた。成長の背景には、鉄生産の確保があると見られている。高句麗の軛《くびき》から放たれた新羅は、百済《ひゃくさい》や加耶《かや》とも自在に連携して、半島における覇権《はけん》をめざすようになっていた。

大加耶（池山洞古墳群）

一方、百済との関係が決裂した加耶諸国の大加耶《だいかや》連盟は、新羅との連携を模索しはじめた。『日本書紀』継体《けいたい》二十三年（五二九？）にかけられた記事に、「加羅《から》（大加耶）は新羅と友好を結び、日本（倭国《わ》）に怨《うら》みを抱くことになった」と見える。

新羅法興《ほうこう》王の五二二年、加耶国王は新羅に通婚《つうこん》を請うて許されたものの（『三国史記《さんごくしき》』新羅本紀）、『日本書紀』継体二十三年（五二九？）条によると、新羅から遣わされた王女とその従者が新羅の衣冠を着用していたのを加羅王が怒って、従者を送還させた。法興王はこの屈辱によって加耶を攻めたという説話が載せられている（これももっと前の出来事であろう）。

『三国史記』新羅本紀では五二四年のこととして、

王（法興王）が南の境界を出巡《しゅつじゅん》して地境を開拓する時、加耶国王が来会した。

という記事が見える。この「出巡」は単なる巡幸《じゅんこう》ではなく、金官《きんかん》や喙己呑《とくことん》（現韓国慶尚南道金海市と昌原市の間）など加耶の南部への第一次侵攻であると考えられている（田中俊明『古代の日本と加耶』）。この頃、じつは新羅は百済と修交を結んでいたのである（『三国史記』百済本紀）。

対新羅軍の編成と磐井の乱

新羅・百済の双方を敵に回すことになった加耶は、倭国との関係を強めるしかなかったであろう。倭国は継体二十一年（五二七？）、近江毛野《おうみのけの》の率いる対新羅軍を派遣して、新羅に破られた南加羅《みなみから》（金官）・喙己呑を復興しようとしたが、新羅と結んでいた筑紫磐井《つくしのいわい》が軍の渡海《とかい》を遮《さえぎ》るという行動に出た。元来が北部九州は倭王権からの独立性が高かったのであるが、北国出身の大王《おおきみ》の下で動揺していた倭王権と、朝鮮半島との関係が強かった北部九州とのあいだに、ふたたび外交方針をめぐる衝突が起こったのである（亀井輝一郎「磐井の

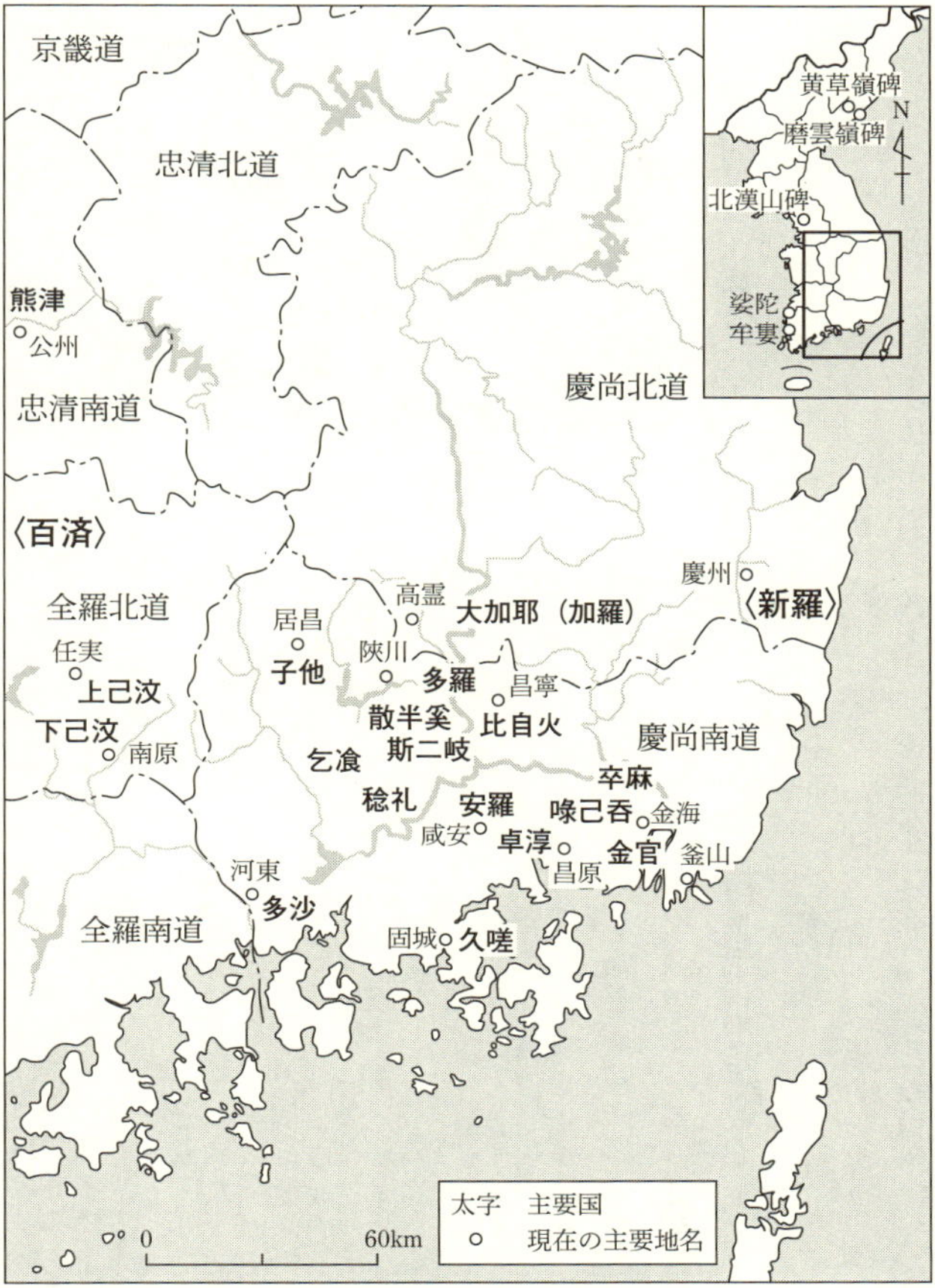

加耶諸国地図（田中俊明『古代の日本と加耶』を基に作成）

乱の前後」)。また、毛野の活動は軍事行動をめざしたのではなく、もともと外交交渉を主としていたとの指摘もある(森公章『東アジアの動乱と倭国』)。

近江毛野は磐井が倒された後の継体二十三年(五二九?)に渡海した。『日本書紀』が伝えるように任那王《みまな》が倭国に来朝して救援を請うたというのは史実としては怪しいが、安羅《あら》(現韓国慶尚南道咸安郡)に派遣された毛野に使者を送ったくらいはあったと見られている(田中俊明『大加耶連盟の興亡と「任那」』)。

毛野は安羅から新羅との前線に近い熊川《くまなれ》(現韓国慶尚南道昌原市鎮海区)に移って新羅との交渉をおこなおうとした。しかし、新羅は三千の軍兵を率いて金官に進撃したので、毛野は任那の己叱己利城《こしこり》(久斯牟羅《くしむら》。現韓国慶尚南道昌原市)に撤退した。新羅軍は金官国の四村を攻撃し、人や物を奪って還ったという(『日本書紀』)。

安羅は毛野の排除を狙って新羅と百済に請い、出兵を受けた。毛野は籠城《ろうじょう》して何とか持ちこたえたが、倭国に召還《しょうかん》される途中、継体二十四年(五三〇?)に対馬《つしま》で病死した(『日本書紀』)。

安羅(末山里古墳群)

金官滅亡

毛野の失敗は、新羅が金官をはじめとする加耶諸国東部に侵攻するきっかけとなったのみならず、百済が安羅をはじめとする加耶諸国西部に侵攻するきっかけともなった。

この後、新羅による金官侵攻がつづくのであるが、『日本書紀』にはそれに該当する記事がない。本文では継体二十五年（辛亥年、五三一？）、「或る本」では継体二十八年（五三四？）に継体が死去したとされるが、その後の大王位継承をめぐって、天国排開広庭《あめくにおしはらきひろにわ》王子（後の欽明《きんめい》）を支持する勢力と、勾大兄《まがりのおおえ》王子（『日本書紀』にいう後の安閑《あんかん》）や檜隈高田《ひのくまのたかた》王子（『日本書紀』にいう後の宣化《せんか》）を支持する勢力とのあいだに対立が存在したと推定することができる（大橋信弥「継体・欽明朝の『内乱』」）。

したがって、安閑紀・宣化紀・欽明紀の紀年《きねん》は、きわめて混乱しており、半島関係の記事を、どこにどれをかければいいのか、『日本書紀』編者としてもわからなかったのであろう。唯一、見られるのは、宣化二年（五三七？）に、新羅が任那（金官）を侵略したため、大伴磐《おおとものいわ》と大伴狭手彦《さでひこ》を派遣したが、磐は筑紫《つくし》に留まり、狭手彦はかの地に赴いて任那を鎮め、百済を救ったという、氏族伝承を原史料とした説話的記事である。つぎに述べる五三二年の金官滅亡を承けたものであろうが、その後は欽明二年（五四一？）の百済聖明《せいめい》王

（聖《せい》王）による「任那復興」建議の記事まで、半島関係記事は見られないのである。

さて、任那（金官）滅亡の記事は、『三国史記』新羅本紀に、

> 金官国国主の金仇亥《きんきゅうがい》が妃および長男の奴宗《ぬそう》、次男の武徳《ぶとく》、末子の武力《ぶりき》らとともに国庫の宝物を携えて（新羅に）来降《らいこう》すると、王（法興王）は彼らを礼をもって待遇し、上等の位を与え、彼らの本国をもって食邑《しょくゆう》に定め、その子の武力は朝廷に仕えて角干《かくかん》にまで昇った。

と見える。金官国王に対して破格の優遇をおこなっているのがうかがえるが、ともあれこれで新羅の版図《はんと》が半島南岸にまで拡大した。倭国にとっても、重要な同盟国を失ったことになる。なお、金武力の得た角干という官位は新羅の最高位であり、武力は次代の真興《しんこう》王の時の新羅の発展に尽力した（真興王巡狩碑《しんこうおうじゅんしゅひ》）。その孫が、新羅統一の功臣《こうしん》である金庾信《ゆしん》となる。

このような優遇が、他の大加耶連盟に属していた加耶諸国に動揺をもたらしたことは、想像に難《かた》くない。やがてつぎつぎと滅亡していく加耶諸国は、まず王族が新羅に内応し、国論が二分され、新羅の侵攻に一体として対抗できないまま、滅亡への道を歩んだのである。逆に言えば、それを見越した新羅と真興王の完璧な戦略ということになる。

この後、新羅はさらに西方の卓淳《とくじゅん》まで侵攻し、安羅は倭国ではなく百済を頼った。卓淳

と安羅の距離は、約二〇キロメートル、新羅と百済の対決の日も近づいてきていた。

百済は確保していた多沙《たさ》から安羅までのルートに地方官として郡令《ぐんれい》を設置し、あたかも自国領のようなかたちでの支配を進め、それによって安羅が新羅寄りの立場に変わっていったという（田中俊明『古代の日本と加耶』）。

なお、百済は五三八年、熊津《ゆうしん》から泗沘《しひ》（現韓国忠清南道扶余郡）に遷都《せんと》している。

「任那復興会議」

『日本書紀』によれば、欽明二年（五四一？）と欽明五年（五四四？）に百済の聖明王（聖王）が安羅・加羅・卒麻《そちま》（現韓国慶尚南道金海市䜌馬）・散半奚《さんはんげ》（現韓国慶尚南道陜川郡草渓）・多羅《たら》（現韓国慶尚南道陜川郡）・斯二岐《しにき》（現韓国慶尚南道宜寧郡富林面新反里）・子他《こた》（現韓国慶尚南道居昌郡）・久嗟《こさ》（現韓国慶尚南道固城郡）といった加耶諸国の旱岐《かんき》（王）やそれにつぐ者を泗沘に招集し、任那の復興を協議させている。ここでいう「任那」とは喙己呑・南加羅（金官）・卓淳といった、新羅に滅ぼされた地域を指す。

なお、この会議に「任那の日本府《にほんふ》の吉備《きび》臣〈名を欠く。〉」が参加しており、かつては（といってもほとんど戦前の話）これは倭国の統治機関と考えられていたのであるが、史実としては倭国の使臣、それも大した役割を果たすことのできなかった使臣とみなすべきであろう

（田中俊明『古代の日本と加耶』）。

しかも田中俊明氏によれば、百済が任那の復建《ふっけん》を実際に意図していたとは思えず、会議における百済の真の狙いは、諸国、特に安羅の新羅内応を止めることであったという。しかし、安羅はこの時点ですでに新羅と意思を通じていたと見られ（田中俊明『古代の日本と加耶』）、結果的にこの「任那復興会議」は、倭国にとってはもちろん、百済にとっても何の意味も持たないものであったことになる。

百済の危機

この頃、百済は高句麗戦線で苦境に立たされていた。五二九年に高句麗の安蔵《あんぞう》王が兵馬を率いて侵入し、百済は三万の歩兵と騎兵で防戦したが勝てず、二千余名の戦死者を出した。五四八年にも高句麗の陽原《ようげん》王が侵攻したので百済は新羅に救援を請い、新羅の三千の援兵でこれを破っている（『三国史記』高句麗本紀・百済本紀・新羅本紀）。

この間、『日本書紀』では百済が倭国に救援を要請したものの、後にその派遣を停止するよう申し出てくるなど、複雑な国際情勢をうかがわせている。

五五〇年には百済が高句麗の道薩《どうさつ》城（現韓国忠清北道槐山邑）を、高句麗が百済の金峴《きんけん》城（現韓国忠清北道鎮川邑）を、それぞれ包囲して陥《おと》したところ、新羅がこの隙《すき》に乗じて二つの城を取り、兵千名でこれを守らせた（『三国史記』高句麗本紀・百済本紀・新羅本紀）。新羅は五五二年に漢城《かんじょう》を占領し（『日本書紀』）、五五三年には新州《しん》を置いて（『三国史記』新羅本紀・百済本紀）、念願の半島西海岸への進出を果たした。これで中国との直接的な交渉をおこなえることとなったのである。

『日本書紀』では欽明十三年（五五二?）に聖明王（聖王）が倭国に仏教を伝えたこととなっているが、この年次の信憑性は薄い。欽明の時代以前から、渡来《とらい》氏族のあいだでは、故国の信仰として仏教も信仰されていたはずだからである。

しかし、倭国の軍事協力を必要とした百済の聖王が、緊迫する朝鮮半島情勢のなか、倭国に仏像・幡《はたきぬがさ》蓋・灌仏器《かんぶつき》・経論《きょうろん》などを送ってきたことは認めてもよかろう。この時期、百済はそれほどの苦境に立たされていたのである。

百済は五五三年に新羅に王女を嫁がせて「小妃《しょうひ》」とするなど、新羅との修交に努めたが（『三国史記』新羅本紀・百済本紀）、その一方では新羅への侵攻をはかっていた。

『日本書紀』によれば欽明十四年（五五三?）の正月と八月に、百済は使節を倭国に派遣して派兵を請うた。八月の使者は、

「ところが今年になって、にわかに新羅と狛国《こま》（高句麗）とが通謀《つうぼう》し、『百済と任那と

の使者がしきりに日本に赴いているのは、軍兵の派遣を要請して我々の国を討とうというのではあるまいか。事実なら、我々の国はたちまちに滅亡してしまおう。日本の軍兵が出発しないうちにまず安羅を討ちとり、日本からの路を断とう』と言っていると聞きました」

という情報を倭国に伝えたことになっている。実際には、倭国から派兵されたとしても、それで新羅や高句麗が滅亡すると考えていたとは思えないが、倭国から派兵される前に加耶や百済と戦おうと新羅が考えていたと百済が認識していたことは、じゅうぶんに考えられるところである。

こうして欽明十五年（五五四?）正月、「軍数一千・馬一百匹・船四十隻」の救援が決定し、五月には内《うち》（有至）臣が水軍を率いて百済に赴いたことになっている（『日本書紀』）。

ところが、百済王子余昌《よしよう》（後の威徳《いとく》王）が、倭国からの増援が決まらないうちに新羅の征討をはかり、新羅に進出し、要塞《ようさい》を築いて滞陣した。聖明王（聖王）はそれを慰労《いろう》しようとして自ら戦場に赴いた（『日本書紀』）。これは『三国史記』新羅本紀では、五五四年七月のこととしている。

新羅は、聖王が戦線に出てきていることを知り、これを迎撃《げいげき》した。『日本書紀』では、

「国内の軍兵をことごとく発し、行路《こうろ》を断って王を撃破した」と、新羅本紀では、「副将の三年山郡《さんねんさん》の地方官である都刀《つと》が急に攻撃をしかけて百済王を殺した」と、百済本紀では、「新羅の伏兵が起こって乱戦となり、王は害をうけて薨《こう》じた」と、それぞれ記されている。

『日本書紀』には、新羅が飼馬奴《うまかいやっこ》の苦都《こつ》に聖明王（聖王）を殺させようとし、聖明王が「王の頭は、奴の手に受けるべきものではない」と言うと、苦都が「我が国（新羅）の法では、盟約《めいやく》に違背《いはい》すれば、国王といえども奴の手に受けるべきものとされております」と言って聖明王の首を斬ったという説話が載せられている。

辛くも逃げ帰った余昌の弟の恵《けい》（後の恵王）が欽明十六年（五五五？）二月に倭国に赴いて聖明王（聖王）の戦死を告げ、翌欽明十七年（五五六？）正月に恵が帰国の途につくと、倭国は筑紫の船軍や筑紫肥君《つくしのひ》の勇士千人で護衛したとある（『日本書紀』）。しかし、これが百済に駐屯したことはなかったようである。

加耶の滅亡

五五五年、新羅は加耶の比斯伐《ひしか》（比自火《ひじか》。現韓国慶尚南道昌寧郡）に完山州《かんざん》を置き、真興王は北漢山《ほっかんさん》（現韓国ソウル特別市江北区・道峰区・恩平区・城北区・鍾路区）に巡幸して国境を画定した（『三国史記』新羅本紀）。やがて比自火には五六一年に昌寧《しょうねい》真興王巡狩碑、北漢山には五六八年前後に北漢山真興王巡狩碑が建てられることになる。なお、五六八年に建てられた真興王巡狩碑には他に、朝鮮半島北東部の磨《ま》雲嶺《うんれい》碑（現北朝鮮咸鏡南道利原郡）と黄草嶺《こうそうれい》碑（現北朝鮮咸鏡南道栄光郡）もあり、この頃が新羅の領土拡大のピークであった。

新羅は欽明二十一年（五六〇？）と欽明二十二年（五六一？）に倭国に使者を派遣している

（上）北漢山城（碑峰）
（下）北漢山真興王巡狩碑（韓国国立中央博物館）

が、これを新羅が残された加耶諸国を併呑《へいどん》することに対して承認を求めたものという解釈もある（森公章『東アジアの動乱と倭国』）。欽明二十二年の使者を倭国が冷遇し、新羅使が怒って帰国し、倭国に備える城を築いたとつづくのは（『日本書紀』）、倭国側が新羅の加耶併呑を認めなかったという文脈であろうか。

そして翌五六二年、大加耶を中心とする加耶諸国は、新羅によって滅ぼされた。『日本書紀』がこの年の正月に、「新羅は任那の官家《みやけ》を打ち滅ぼした」と記すのは、彼の地に倭国の支配権を有していたという『日本書紀』の主張の反映である。『日本書紀』の「一本」は、滅亡を欽明二十一年としたうえで、「総称して任那といい、個別には、加羅国・安羅国・斯二岐国・多羅国・卒麻国・古嵯《こさ》（久嵯）国・子他《こた》国・散半下《さんはんげ》（散半奚）国・乞飡《こちさん》（久斯牟羅）国・稔礼《にむれ》国（現韓国慶尚南道居昌郡）という。合わせて十国である」としている。『三国史記』では、五六二年七月に、百済が新羅の辺境に侵入して掠奪《りやくだつ》をはたらいたので、真興王は兵を出してこれを防ぎ、一千余名を殺したり捕えたりしたという記事が見える（新羅本紀。百済本紀は五六一年七月のこととしている）。あるいは百済が加耶を救援して新羅に戦いを挑んだ可能性も考えられる。なお、『日本書紀』では七月に紀男麻呂《きのおまろ》と河辺瓊缶《かわべのにえ》以下が新羅を問責《もんせき》しようとしたが失敗したという、説話的な記事をつづけている。

ついで新羅本紀には、九月のこととして、

加耶が叛《そむ》いたので、王は異斯夫《いしふ》に命じてこれを討たせ、斯多含《したがん》をその副将に任じた。斯多含は騎兵五千名を率いて先発し、栴檀《せんだん》門に入ってそこに白い旗を立てた。城中ではこれを見て恐れおののいてなすところを知らなかった。そのとき異斯夫が兵を率いて攻め入ったので、敵は急にみな降服した。

と記されている。これが大加耶《だいかや》連盟（「任那」）の最後ということになる。こうして、朝鮮半島南部における倭国の拠点は、完全に失われたのである。加耶諸国は百済と新羅によって分割され、半島は高句麗を含む三国時代を迎えた。

同時に、『日本書紀』の立場としては倭国の「内官家《うちつみやけ》」であった任那を新羅が侵略して併呑したという歴史認識が確立し、新羅に対する敵国観がますます蓄積されていくこととなったのである。

3 「任那の調」の要求

欽明の「遺詔」

大加耶《だいかや》の滅亡以後、加耶《かや》との特別な関係を復活させる「任那《みまな》復興」策が、倭《わ》国にとって最重要の政治課題となった。まず、欽明《きんめい》は、欽明二十三年（五六二？）六月に、つぎのように言葉を極めて新羅《しんら》を非難した。

「新羅は西方の小さく醜い国で、天に逆らって無道《むどう》である。我が恩義に違背《いはい》して、我が官家《みやけ》を破り、我が人民や郡県を侵害した。我が気長足姫尊《おきながたらしひめのみこと》（神功皇后《じんぐうこうごう》）は、聡明で、天下を巡っては人びとをいたわり、万民をお養いになった。新羅の窮状を哀れみ、新羅王が斬られようとしていたその首を救い、新羅に要害の地を授け、格別の栄誉をお与えになった。我が気長足姫尊が、新羅を軽んじられたことがあろうか。我が百姓《ひゃくせい》が、新羅に怨《うら》みをいだいていることがあろうか。それなのに新羅は、長い戟《ほこ》や強い弩《ゆみ》をもって、任那を侵略し、鋭利な牙や爪で人びとを殺害している。肝を割《さ》き、足を切るだけではなおあき足らず、骨を曝《さら》し屍《かばね》を焚《や》き、残酷なおこないを意に介しない。任那のあらゆる人びとを、刀や俎《まないた》を使って殺し、膾《なます》にしている。国中の王臣たるもの、人の禾《あわ》を食べ、人の水を飲みながら、このことを漏れ聞いていたむ心を起こさない者が有ろうか。いわんや太子・大臣は、我が後裔《こうえい》として血に泣き怨みをともにする縁故があり、あるいは国家の蕃屛《はんぺい》としてこのうえない恩義をもつ者である。前朝の勢威をうけ、それを後代に伝えるべき地位にある者である。胆や腸を抜きしたたらせるような気持で真心をつくし、相共に悪逆の者を殺して天地の痛みをそそぎ、君父の仇《あだ》に報いることができなかったら、死んでも臣子の道の成らなかったことを恨むことになろう」

『梁書《りょうしょ》』王僧弁《おうそうべん》伝に見える誓盟《せんめい》文による修飾がなされているとはいえ、なにがしか当時の倭国の心情を伝えているのかもしれない。神功皇后伝説が登場するのも特徴的である。

その後、欽明二十三年七月に紀男麻呂《きのおまろ》を遣わして百済《ひゃくさい》と共同の軍事行動を取らせ（『三国《さんごく》史記《しき》』新羅本紀に、百済が新羅に侵入したとある）、新羅が任那を攻めたことを問責《もんせき》させようとしたところ、新羅が降伏したとある。欽明三十二年（五七一？）三月にも使者を新羅に遣わして、任那が滅びた理由について問責させたとある。いずれも氏族伝承を原史料とした記事で、史実性は認めがたい。

そしてその年の四月、欽明は渟中倉太珠敷《ぬなくらのふとたましき》王子（後の敏達《びだつ》）に、新羅を討って任那を建てよとの遺詔《いしょう》を残して死去する（『日本書紀』）。

「任那の調」

その敏達も、敏達四年（五七五）二月に百済から「いつもの年よりたいへん多い調《みつき》」をもたらした使節が倭国にやって来ると、彦人大兄王子《ひこひとのおおえ》と大臣《おおまえつきみ》蘇我馬子《そがのうまこ》に、「任那復興のことを怠ってはならない」と命じた。それを承けて、四月、新羅に使節が派遣され、六月、新羅からも「調」が奉られた。

調というのは「ミツキ」のことで、「貢物《みつきもの》」に由来する。服属小国が服属儀礼の際に貢《こう》進《しん》する財物のことである（石上英一「日本古代における調庸制の特質」）。この「調」という用字が『日本書紀』編纂《へんさん》段階の文飾《ぶんしょく》である可能性も、まったくないわけではないが、いずれにしても、新羅から何らかの物品が送られてきたことは認めてもよいのであろう。

重要なのは、新羅からの「調」に加えて、そこに「任那の調」が加えられていたことである。『日本書紀』は、つぎのように語る。

新羅は使を遣わして調を献上した。その調はいつもよりたいへん多かった。またこれとは別に、多多羅《たたら》（現韓国釜山広域市多大浦）・須奈羅《すなら》（金官《きんかん》）・和陀《わだ》（比定地《ひていち》不明）・発鬼《ほちき》（背伐《はいばつ》。現韓国慶尚南道昌原市鎮海区）の四つの邑《むら》の調を進上した。

これを読むと、この「調」が新羅を出発する時点で、「任那の調」と認識されていたものか、それとも使者が独自の判断で、つまり外交交渉を円滑にするために、その場で「任那の調」と称したものか、はたまた倭国が勝手に「任那の調」と称したものか、『日本書紀』編纂段階でこのように書き替えられたものか、いささか不審ではある。

しかし、少なくとも倭国側との外交儀礼の場においては、新羅の使者が、旧金官国に属する四邑の地から産出したという「任那の調」と称する（あるいは倭国側に称される）物品を、倭国に渡したことは認めてもよいものと思われる。

倭国が「大国」意識をふりかざして「任那の調」を要求してきたとしても、すでに加耶諸国を独力で制圧した新羅が、それに従わなければならない理由は存在しない（西本昌弘「倭王権と任那の調」）。だいたい、加耶諸国が存在していた時期に、倭国に対して貢納物が貢《こう》上《じょう》されたということはなかったのであり、それを新羅が送る謂《い》われはないのである。

にもかかわらず、新羅がこれを倭国に送ってきた背景としては、新羅が旧金官国王の「調」を倭王権に貢上することによって、六世紀前半の倭王権と加耶諸国の関係を継承・承認したのであり、加耶復興を名目として倭王権の軍事援助を引き出そうとする百済の対倭外交に対抗し、これを阻止するために旧金官国王家を「任那」として加耶を復興させるというかたちの外交政策をとったと見られている（鈴木英夫「『任那の調』の起源と性格」）。

実際、百済は五七七年と五七九年に新羅の西辺の州郡に侵攻している（『三国史記』新羅本紀）。敏達四年の百済からの使節も、旧加耶地域への侵攻に際して、倭国の援助を要請したものであろう（森公章『東アジアの動乱と倭国』）。ちなみに、倭国はこの時にも兵を出していない。

問題なのは、たとえ外交儀礼の場においてのことであっても、新羅が「任那の調」という名目の物品を倭国に送り、倭国がこれを「新羅が肩代わりした任那からの調（貢納物）」と認識したという事実である。

新羅にしてみれば、緊迫する国際情勢を有利に持っていくために、倭国に多少の物品を送ってもかまわないとでも思っていたのであろうが、倭国側から見れば、それは旧加耶諸国が倭国に貢納品を納めるという「伝統」と認識したことであろう。そして、百済のみならず、新羅からも「調」が貢納されるという誤った国際感覚を醸成させてしまったのである。その終着点として作られたのが、神功皇后の「三韓征伐」説話となる。

それがさらに後世にまでつながる対朝鮮観、新羅を日本律令《りつりょう》国家の蕃国《ばんこく》・朝貢国《ちょうこうこく》として位置づけるという認識の淵源《えんげん》の一つとなったと考えれば、「任那の調」は単なる外交交渉上のエピソードで片づけられる問題では済まないのである。

「任那復興」策

その後、新羅からも敏達八年（五七九）と敏達九年（五八〇）に「朝貢」使が来朝した。敏達八年の使者が仏像をもたらしたのは、百済に対抗する意味があったのであろう。

しかし、倭国は同盟国として百済を選んだ。敏達十二年（五八三）、敏達は倭系百済官僚の日羅《にちら》を召還《しょうかん》して、「任那復興」策を相談しようとしたのである。

ところが、日羅の建策は百済に不利なものであったとされ、日羅は百済によって殺されてしまう（『日本書紀』）。百済側の考える「任那復興」策は、必ずしも倭国の利益に直結するものではなかったのである。敏達は敏達十四年（五八五）に「任那復興」を橘豊日王子《たちばなのとよひ》（後の用明《ようめい》）に遺詔して死去した。

後に明らかになるように、百済は旧加耶地域を奪回しても、倭国にじゅうぶんな「任那の調」をもたらすことにつながらなかった（森公章『東アジアの動乱と倭国』）。新羅と同様、百済にとっても、倭国に「任那の調」を送る謂われはなかったのである。

この後、百済とのあいだに「任那復興」が問題となることはなかった。倭国はもっぱら、新羅との交渉によって、この問題を解決しようとしたのである。

第三章　白村江の戦　対唐・新羅戦争　七世紀

1　激動の北東アジア情勢

隋の中国統一

中国では、北朝から五八一年に興《おこ》った隋《ずい》が、五八九年、南朝の陳《ちん》を滅ぼして、実質四百年ぶりに統一王朝を現出させ、周辺諸国への圧迫を強めた。五八三年に北方の突厥《とっけつ》を東西に分裂させたうえで、五九八年以降、百済《ひゃくさい》からの請願を承けて四次にわたって高句麗《こうくり》へ大軍を派遣した。江南《こうなん》の杭州《こうしゅう》（現中国浙江省杭州市）から洛陽《らくよう》・長安《ちょうあん》（現中国陝西省西安市）を結び、さらには涿郡《たく》（現中国北京市付近）にまで達する総延長一八〇〇キロメートルに及ぶ大《だい》運河《うんが》を開削したが、これは対高句麗戦への兵站《へいたん》を目的としたものであった。

倭《わ》王権の成立以来、三世紀末の晋《しん》（西晋《せいしん》）の短期間の統一をのぞけば、中国は一八四年に起こった黄巾《こうきん》の乱によって後漢《ごかん》の中央政府が消滅して以来、つねに分裂状態にあったのであり、倭国の支配者にとっては、それが当たり前の姿であった。隋の中国統一の報がいかに衝撃をもって伝えられたかは、想像に余りある。

なお、世界帝国である中国は、「礼《らい》」という徳目を支配の基本理念として標榜《ひょうぼう》しており、執拗《しつよう》な中国の外征は、名目的には「礼」の及ばない夷狄《いてき》に対して、無道《むどう》な国王を滅ぼし、中国の徳を及ぼしてあげようという儒教的《じゅきょう》な動機に基づくものであった。しかし、その実態は、このようなきれいごとだけでは済まされない。

隣接する他の王朝を滅ぼした瞬間、その王朝の兵士と人民が、勝った側に接収されることになる。農民はともかく、大量の兵士が勝った側の国内に集結しているということは、きわめて危険な状態なのである。易姓《えきせい》革命という発想を取り入れなかった日本古代国家とは異なり、中国の王朝においてはつねに叛乱《はんらん》と革命の危険性を内包していた。

接収した兵士を中国内の隣の国との戦争へと振り向けていた時期は、まだしもよかったが、中国全土が統一されてしまうと、国内には征伐する相手がいなくなる。大量に膨れあがったこの連中を国内に置いておけば、いずれは王朝に対して叛乱を企てるかもしれない。というわけで、外征に彼らを派兵するという方法がとられた。

幸か不幸か、周辺には中国の徳化に従わない「蕃国《ばんこく》」

大運河（杭州）

がいくつも存在した。それらに対して戦争をしかけ、接収した敗戦国の兵士をそこに派遣すれば、うまくいけば新たな領土を獲得することができ、うまくいかなくても余分で危険な兵士を消耗《しょうもう》することができるのである（これを「裁兵《さいへい》」というらしい）。

高句麗について

ここで高句麗について一言述べておこう。我々は何の考えもなく、しばしば「朝鮮三国」という歴史用語を使い、高句麗を朝鮮の一国と考えがちであるが、事態はそれほど単純なものではない。その版図《はんと》は北は牡丹江《ぼたんこう》、西は遼河《りょうが》から遼東《りょうとう》半島、さらには旧満州《まんしゅう》（現中国東北部）の中南部にまで及ぶ大国だったのである（吉川真司『飛鳥の都』）。

近年、中国と韓国（および北朝鮮）とのあいだで、高句麗が中国と朝鮮のどちらに属するかについての論争が起こっている。たしかに都が五五二年に平壌《へいじょう》の長安城（現北朝鮮平壌市）に遷《うつ》ってから後にも、国土の面積では現在の北朝鮮よりも中国に属する方が広いのであるから、これは一概に決められない問題である。つまりはそれほどの大国であったということである。

朝鮮半島の南部に位置する新羅《しんら》や百済、さらに海の向こうの島国である倭国と違って、高句麗は隋と直接国境を接していた。彼らの隋に対する恐怖心は、倭国とはくらべものにならないくらい巨大なものだったことであろう。

高句麗をはじめとして、朝鮮三国や倭国では、世界帝国隋の強圧に対処するための外交策と権力集中を迫られることになったのである。

なお、三国の基本的な外交的立場は、隋と対立して征討を受け、これを撃退した高句麗、隋の高句麗遠征に依存しながらも、それに乗じて新羅を攻撃し、あくまで自国の利益確保をはかる百済、一貫して隋に臣従《しんじゅう》することで高句麗・百済の攻勢を抑えようとする新羅、という三者三様の反応であり、それはつぎの唐《とう》に対しても基本的には同様であったという（森公章『東アジアの動乱と倭国』）。

高句麗は隋や新羅と対抗しながら、東突厥や百済、それに五七〇年には、かつての敵国であった倭国とも連携した（李成市「高句麗と日隋外交」）。一方、百済と同盟関係にあった倭国は、これらの動きに対して、どのように対応していくのか。

これ以降、隋帝国と高句麗の動きを軸として、北東アジア世界は激動の時代を迎えていくことになる。もちろんそれは、倭国にとっても、きわめて深刻な問題となってのしかかってきたのである。

2　新羅との角逐と遣隋使

「新羅遠征軍」

用明《ようめい》の時代には対朝鮮関係の動きはなかったが、つぎの崇峻《すしゅん》の時代になると、崇峻四年(五九一)八月に崇峻が「任那《みまな》復興」を群臣に発議し、十一月には新羅《しんら》遠征軍を編成した。これは紀男麻呂《きのおまろ》・巨勢猿《こせのさる》・大伴囓《おおとものくい》・葛城烏奈良《かずらきのおなら》を大将軍とし、臣《おみ》・連《むらじ》の氏々を副将や部隊長として二万余の軍兵を率いさせて筑紫《つくし》に出向かせるというものであった(『日本書紀』)。もちろん、「二万余」という兵数は誇張であろうが、それでも従来の九州豪族の寄せ集め兵とは異なる、中央氏族の大規模な編成であったことは認めるべきであろう。

もっとも、この「遠征軍」は筑紫に駐留《ちゅうりゅう》をつづけ、吉士金《きしのかね》を新羅、吉士木蓮子《いたび》を任那に、それぞれ遣わして「任那の事」を問いただしているから、実際に海を渡って新羅と交戦することは想定しておらず、軍の駐留を背景として新羅に圧力をかけ、「任那の調《みつき》」貢上《こうじょう》を有利に持っていこうとしたのであろう。この「遠征軍」は四年後の推古《すいこ》三年(五九五)まで筑紫に駐留をつづけている。

なお、いかに大規模な軍事編成ではあっても、「臣・連の氏々」を糾合《きゅうごう》したと記されていることは、所詮はこれも中央豪族の混成部隊に過ぎず、倭《わ》国の軍隊編成の弱点が克服されてはいなかったという指摘（森公章『東アジアの動乱と倭国』）は重要である。

「遠征軍」の召還《しょうかん》が遅れたのは、新羅をはじめとする国際情勢を観測するためであるとされている。新羅は五九四年を嚆矢《こうし》として、五九六年、六〇二年、六〇四年、六〇八年、六一一年と矢継ぎ早に隋《ずい》に遣使をおこない、隋の冊封《さくほう》体制下に入った。また、百済《ひゃくさい》と交戦をつづける一方で、隋に高句麗《こうくり》への出兵を要請している（『三国史記《さんごくしき》』新羅本紀）。

このような国際情勢を見極めたうえで、「遠征軍」は大倭《やまと》に帰還した。大王《おおきみ》推古や大臣《おおまえつきみ》蘇我馬子《そがのうまこ》、厩戸王子《うまやと》（「聖徳太子《しょうとくたいし》」）は、この状況に対処するための、新たな外交方針を模索する必要に迫られることとなったのである。

推古朝初期の対新羅関係

『日本書紀』によると、推古八年（六〇〇）二月、新羅と任那のあいだにふたたび戦争が起こり、倭国は任那を救おうとして境部臣《さかいべ》（名を欠く）を将軍とし、「万余」の兵を派遣して、新羅の五城を攻略した。新羅王（当時は真平王《しんぺい》）は白旗を掲げて降服し、任那の六城を割譲《かつじょう》した。新羅と任那からは調が貢上された。この時、新羅と任那が上表《じょうひょう》して、

「天上には神がましまし、地には天皇がいらっしゃいます。この二つの神のほかに、またなんの恐れおおいものがありましょう。今後はおたがいに戦をいたしますまい。また、船の舵《かじ》が乾く間もないほど、毎年かならず朝貢《ちょうこう》いたします」

と述べたので、兵は帰還した。するとまた、新羅が任那を侵した、という筋書きの記事が見える。

しかし、このような都合のいい筋書きが、はたして史実と考えられるであろうか。これらをまったくの造作《ぞうさく》記事と断定する説も存在する（坂本太郎『聖徳太子と菅原道真』、鈴木英夫「『任那の調』の起源と性格」、山尾幸久『古代の日朝関係』）。いずれも『三国史記』など新羅側の史料に、これらの戦闘記事が記録されていないことを根拠とされている。

それよりも、『日本書紀』に推古三十一年（六二三）のこととして載せられている「新羅征討」記事（実際には推古三十年〈六二二〉のこととされる）と、この推古八年の「新羅征討」記事との類似性に注目し、これらを同事重複記事であると考える説（鬼頭清明「推古朝をめぐる国際的環境」）や、両記事ともに造作記事であるという説（鈴木英夫「『任那の調』の起源と性格」）に注目したい。なかでも西本昌弘氏は、倭王権の外交交渉を担当した難波吉士《なにわのきし》による外交工作に基づく虚報を蘇我大臣家が容認した結果、推古八年・推古三十一年の二つの不自然な記事が造作されたと考えられた（西本昌弘「倭王権と任那の調」）。

加えて、両記事とも、「新羅の調」「任那の調」の貢上が語られていることにも注目したい。『日本書紀』編纂《へんさん》時における「新羅の調」「任那の調」貢上という日本律令《りつりょう》国家の主張が、この二つの記事に、貢上の根拠として反映されているように考えられるのではないだろうか。両記事とも、境部臣（推古三十一年条では境部雄摩侶《おまろ》）が大将軍となっているが、境部臣というのは馬子の弟である摩理勢《まりせ》からはじまる蘇我氏同族で、推古死亡後の大王選定の過程で馬子の後継者である蝦夷《えみし》によって一族ごと討滅《とうめつ》された氏族である（倉本一宏『蘇我氏　古代豪族の興亡』）。『日本書紀』編纂時にはすでに存在しない氏族の者を主人公にすることで、律令国家の支配者たちにも受け容れられやすい記事としたのであろう。

ついで推古十年（六〇二）二月にも新羅征討計画を立てたことになっている。厩戸王子の同母弟である来目《くめ》王子を将軍としたが、来目王子は四月に筑紫に到ったものの、六月に病に罹《かか》って征討は果たせなかった。翌推古十一年（六〇三）二月に来目王子は筑紫で死去し、四月にその兄の当摩《たぎま》王子（麻呂子《まろこ》王子）を改めて将軍とした。しかし、七月に当摩王子が出発すると、播磨《はりま》で妻が死去したとして引き返し、結局、「征討」は中止となった。

これら一連の「新羅征討」計画は、厩戸王子主導の「任那復興」策と評価されているが、これは高句麗・百済の要請に応えて、新羅に対して共同の軍事行動を取るように見せかけた可能性が高い（西本昌弘「倭王権と任那の調」）。この時期、六〇二年八月に百済が新羅の阿莫山城《あもさん》（現韓国全羅北道南原市雲峰邑）を攻撃し（『三国史記』百済本紀・新羅本紀）、六〇三年八月に高句麗が新羅の北漢山城《ほつかんさん》を攻撃している（『三国史記』高句麗本紀・新羅本紀）。

倭国が本気で新羅遠征を計画していたとは考えがたく、高句麗・百済の新羅侵攻を導き出すために、倭国も出兵するふりをした可能性があるという（西本昌弘「倭王権と任那の調」）。これはいわば、新羅包囲網の一環であり、倭国にとっては、「新羅の調」「任那の調」が貢上されさえすれば、「任那復興」などは非現実的な願望に過ぎなかったのである。

これ以降、朝鮮半島はふたたび激しい抗争の渦の中に置かれ、この時に再燃した抗争は百済・高句麗の滅亡に至るまで継続することとなった（山尾幸久『古代の日朝関係』）。倭国の自己中心的な介入によって、北東アジア世界全体を混乱と抗争に巻き込んだことは、痛恨きわまりない結果であった。「平和を望んだ聖徳太子」などという理解が、いかに史実とかけ離れたものであるかは、これだけをもって見ても明らかであろう。

その後は新羅出兵が計画されることはなかった。対新羅関係の打開は、もはや隋との外交を抜きにしてはおこなえない段階に達していた。五九四年に新羅が隋から冊封を受けたため、隋の皇帝《こうてい》から冊封されている新羅王を攻撃することは、隋の天下を干犯《かんぱん》することになり、隋の出兵を受ける可能性があるからである（吉田孝『日本の誕生』）。

遣隋使の発遣

倭国は、倭の五王の遣使が途絶えて以来、中国との外交交渉を絶っていたが、国際情勢の変化を踏まえ、新たな外交方針を定めた。遣隋使《けんずいし》の発遣《はっけん》である。

この時の外交も隋と対等の外交をめざしたものではなく、あくまで朝貢外交の枠内のものではあった。しかし、これがそれまでの奴《な》国、伊都《いと》国、邪馬台《やまと》国、倭の五王などの倭国の外交（倭の五王以外は九州の地方政権であるが）と異なるのは、この時、倭国の大王が、中国の皇帝に冊封を求めなかったということである。

倭国の支配者層は、冊封体制から独立した君主を戴《いただ》くことを隋から認められることによって、すでに冊封を受けている朝鮮諸国に対する優位性を主張し、「東夷《とうい》の小帝国」にもつながる中華思想の構築をめざしたのである（冊封を受けると百済や新羅よりも低い官品《かんぽん》に叙される可能性が高く、朝鮮諸国に対する優位性を主張できなかったためでもあろう）。この姿勢は、つぎの遣唐使《けんとうし》以降にも受け継がれることになる。

『隋書《ずいしょ》』東夷伝倭国条には、つぎのような記述がある。

新羅と百済は、皆、倭を大国であって珍物が多いとして、並《なら》びにこれを敬仰《けいぎょう》し、つねに使者を通わせて往来している。

新羅や百済がこのようなことを隋に報告するとは考えられず、倭国の遣隋使が隋で主張したものであろうが、これが『隋書』に記録されているのは、ある程度、倭国の主張が隋に認められたことを示すものであろう。倭国と連携した高句麗の存在が影響した可能性も指摘されている（李成市「高句麗と日隋外交」）。遣隋使派遣の目的として、倭国が国際的地位と「任那の調」徴収の承認を隋に求めたという考えがあるが（森公章『東アジアの動乱と倭国』）、『隋書』の記述から考えると、「任那の調」についても隋に認められた可能性もある。

さて、よく知られているように、『隋書』に記録されている開皇二十年（六〇〇）の第一次遣隋使は、文帝《ぶん》から風俗（政治や地理、風習を含むもの）を問われて、天を兄とし日を弟とする大王（姓は阿毎《あめ》〈天〉、字《あざな》は多利思比孤《たりしひこ》、阿輩鶏弥《あはけみ》〈大王〉と号した）が、天の明ける前に跏趺《かふ》（あぐら）して政を聴き、日が出ると理務《りむ》を停めるなどと、原始的な政務方法を説明した（政事と神事が分離していない当時の倭国では、実際に夜明け前に政務や儀式をおこなっていたのであろう）。そのため、それが道理にかなっていないことを指弾《しだん》され、訓じて改めさせられたうえで、空しく帰国した（したがって、『日本書紀』には記録されていない）。

小墾田宮造営《おはりだ》や朝服制《ちょうふく》、冠位十二階、十七条憲法などの政治改革が、この第一次遣隋使の帰国後、大業三年《たいぎょう》（推古十五年、六〇七）に派遣された第二次遣隋使とのあいだにおこなわれていることは、偶然ではないのである。

小野妹子《おののいもこ》が派遣された第二次遣隋使は、その国書に、倭国の大王のことを「天子」と称していたことによって、煬帝《ようだい》の怒りを買った。中国の皇帝にとっては、天帝から天下の支配を委《ゆだ》ねられた天子は、自分以外に存在してはならないのである。

その「無礼《ぶらい》」な「蛮夷《ばんい》」の使節の帰国に際して、煬帝が裴世清《はいせいせい》を宣諭使《せんゆし》として遣わしたのは、交戦中の高句麗と「大国」倭国が結びつくのを恐れたためであろう。中国の伝統的な地理観では倭国は南北に長いと認識されていたが、中国南方の沿岸に位置する倭国が高句麗と同盟して隋を挟撃《きょうげき》するという事態は避けたかったはずである。

その後も遣隋使は、推古十六年（六〇八）に隋使裴世清の帰国に際しての送使である第三次、推古二十二年（六一四）に派遣された第四次とつづいた。第三次遣隋使には、八人の留学生《るがくしょう》・学問僧が従った。彼らは、隋の滅亡と唐《とう》の成立という易姓《えきせい》革命を体験して帰国し、隋唐帝国の先進統治技術を倭国の指導者に教授するとともに、後に「大化改新《たいかのかいしん》」の理論的指導者となった。

遣隋使派遣後の対新羅関係

倭国が遣隋使を発遣した後、推古十八年（六一〇）と推古十九年（六一一）に、連続して新羅と「任那」が使者を倭国に派遣し、「朝貢」してきた（『日本書紀』）。おそらくは「新羅の調」「任那の調」も貢上されたのであろう（鈴木英夫『任那の調』の起源と性格」、西本昌弘「倭王権と任那の調」）。「任那」の使者は明らかに新羅人なのであるが、六〇八年に高句麗の侵攻を受けて八千人を拉致《らち》され、隋に高句麗征討を要請している新羅（『三国史記』新羅本紀）としては、倭国に対しても下手《したて》に出て、その協力も得ようとしたのであろう。

新羅としては、百済の新羅侵攻と倭国軍の介入の可能性が存在する時にのみ（鈴木英夫『任那の調』の起源と性格」）、また高句麗の脅威が高まり、かつ隋唐の援助が期待できない時にのみ（西本昌弘「倭王権と任那の調」）、倭国に「任那使」と「任那の調」を送ってくるのであった。倭国が隋を中心とする国際秩序に参加する姿勢を見せたので、依存可能な国と認識して、接近を試みたという分析もある。倭国の方も、隋使には立礼《りつれい》・四拝《しはい》という中国風の儀礼を認めたが、新羅・「任那」使に対しては跪礼《きれい》・再拝《さいはい》という倭国固有の礼式を求めている（森公章『東アジアの動乱と倭国』）。

それらは周囲を交戦国に挟まれた新羅の、やむにやまれぬ政治的選択だったことであろう。しかし、島国で外交感覚に疎《うと》い倭国にはとうてい理解できるはずもないことであり、新羅が倭国の服属国であるという認識をますます高める結果となってしまったのである。

3　唐帝国の成立と「内乱の周期」

唐の中国統一と倭国の対朝鮮関係

隋《ずい》は四次にわたる高句麗《こうくり》征討の失敗によって滅亡し、六一八年に唐《とう》が興《おこ》った。唐は六二八年に中国を統一し、周辺諸国を圧迫した。六三〇年に東突厥《ひがしとっけつ》、六四〇年に高昌《こうしょう》を滅亡させ、つぎには高句麗に目を向けた。

朝鮮諸国はあいかわらず抗争をつづけていたが、六二一年以降、新羅《しんら》は唐に使臣を派遣し、百済《ひゃくさい》・高句麗が新羅に侵攻していることを告げ、六二六年に三国和親《わしん》の詔《しょう》を得た（『三国史記《さんごくしき》』新羅本紀・百済本紀・高句麗本紀）。新羅は唐に依存することによって危機を乗り切ろうとしたのである。六二一年に外交機関の名称を「倭典《わてん》」から「領客典《りょうかくてん》」に変更したのも（『三国史記』職官志）、新羅が主要な外交対手《たいしゅ》を倭国《わ》から唐に替えたことの表われであろう。

七世紀の北東アジア（吉川真司『飛鳥の都』を基に作成）

これに対し、百済や高句麗も、一応は唐に謝罪の使者を派遣したが、ひきつづき新羅への侵攻をつづけた。特に高句麗は、六三一年に唐の使者が訪れて隋の戦死者の骸骨を埋めて祀《まつ》り、京観《けいかん》（高句麗が隋兵の遺骸の上に土を盛って戦勝記念碑としたもの）を破壊すると、扶余《ふよ》城（現中国吉林省長春市北西の農安県）から渤海《ぼっかい》にまで至る長城を築いて（『三国史記』高句麗本紀）、唐への対抗を隠そうとはしなかった。

遣唐使の派遣

一方、倭国は唐にどのように対処したのであろうか。推古《すいこ》三十一年（六二三）に、新羅・「任那《みまな》」使が来朝し、仏像や仏具（おそらくは「新羅の調《みつき》」「任那の調」も）をもたらした。その使者に随伴《ずいはん》して、推古十六年に派遣された第三次遣隋使《けんずいし》の一員として隋に渡った恵日《えにち》が帰国した。恵日が語った奏言《そうげん》は、

「唐国に留学した者たちは、皆もう学業を達成しております。お召し返しなさるのがよろしいでしょう。また、かの大唐国は、法典・儀式の備わり定まったまことにすばらしい国であります。ぜひ使をおくり、交りをもつのがよろしゅうございます」

というものであった。倭国も唐を中心とする国際秩序に参画することを求めたものである。

第一次遣唐使《けんとうし》は、舒明《じょめい》二年（六三〇）になって派遣され、舒明四年（六三二）に唐使高表《こうひょう》仁《じん》や新羅の送使とともに帰国した。

『日本書紀』には表仁を難波《なにわ》で歓迎した記事しか記されておらず、表仁は舒明五年（六三三）に帰国するが、『旧唐書《くとうじょ》』や『新唐書《しんとうじょ》』、また『善隣国宝記《ぜんりんこくほうき》』所引「唐録《とうろく》」によると、外交紛争が出来していたようである。

貞観《じょうがん》五年（六三一）、倭国が使者を遣わして方物《ほうぶつ》（土地の産物）を献上した。太宗《たいそう》は、その道が遠いことを憐《あわ》れみ、所司《しょし》に勅《ちょく》して、歳ごとに貢上《こうじょう》させることは無かった。また、新州刺史《しんしゅうしし》高表仁を遣わし、節を持して往《い》ってこれを撫させた。表仁は綏遠《すいえん》（遠方の地を安んじ治めること）の才が無く、王と礼を争い、朝命《ちょうめい》を宣《の》べずに還った。

この記事からは、倭国が唐に冊封《さくほう》を求めず、また新羅や百済に対する優位を主張して唐使と対立したことがうかがえる。

朝鮮三国の権力集中と「乙巳の変」

百済では六四一年、義慈《ぎじ》王がクーデターによって専制権力を掌握し、六四二年以降、新羅領に侵攻し、八十年ぶりに加耶《かや》地域を奪回した。高句麗では六四二年、宰相《さいしょう》の泉蓋蘇文《せんがいそぶん》が国王と大臣以下の貴族を惨殺して独裁権力を握り、百済と結んで新羅領をうかがった。

新羅は唐に救援を求めたが、唐による善徳《ぜんとく》女王交代の提案の採否をめぐって、六四七年に内乱状態となった。金春秋《こんしゅんじゅう》（後の太宗武烈《ぶれつ》王）は六四八年に唐に赴き、協力を求めた。唐の太宗は、すでに六四四年から高句麗征討に乗り出していた（石母田正『日本の古代国家』）。

これらの情報は、高句麗や百済の使節によって、いち早く倭国にもたらされている。

倭国では、蘇我入鹿《そがのいるか》が皇極《こうぎょく》二年（六四三）に「諸皇子」を糾合《きゅうごう》して厩戸《うまやと》王子の子である山背大兄《やましろのおおえ》王の一族（上宮王家《じょうぐうおうけ》）を滅ぼした（『藤氏家伝《とうしかでん》 上』）。入鹿は、権臣《ごんしん》個人が傀儡王《かいらいおう》を立てて独裁権力を振るうという、高句麗と同じ方式の権力集中をめざしていたことになる。激動の北東アジア国際情勢に対処するには、一見するとこれがもっとも効率的な方式に見えたのであろう。入鹿としては、蘇我系の古人大兄《ふるひとのおおえ》王子への早期の大王位継承を考えていたものと思われる。その場合、非蘇我系王統の嫡流《ちゃくりゅう》である葛城《かずらき》王子（後の中大兄《なかのおおえ》王子）が障碍《しょうがい》となるであろうこともまた、明白であった。

一方、隋唐革命を体験して唐から帰国した留学生《るがくしょう》や学問僧から最新の統治方式を学んだ者のなかからは、国家体制を整備し、そのなかに諸豪族を編成することによって、官僚制的な中央集権国家を建設し、権力集中をはかろうとする動きが興った。

ともに中国の最新統治技術を学んでいた入鹿と葛城王子、それに中臣鎌足《なかとみのかまたり》は、いずれが主導権を握って国際社会に乗り出すかで、抜き差しならない対立関係に踏み込んでしまった。そして鎌足が選んだのは、葛城王子および官僚制的中央集権国家の方であった。これが「乙巳《いっし》の変」の「国際的契機」である。

「大化改新」と国際関係

いわゆる「乙巳の変」や、それにつづく「大化改新《たいかのかいしん》」と、対朝鮮外交との関連を考える論考も、かつては多かったが、それは第一義的な要因ではなく、やはり国内における権力集中の模索、また大王位継承をめぐる争い、さらには蘇我氏内部における本宗家《ほんそう》争いこそが、その主要な契機であったと考えるべきであろう（倉本一宏『蘇我氏　古代豪族の興亡』）。

皇極四年（六四五）六月十二日、「三韓進調《さんかんしんちょう》」（『藤氏家伝 上』では「三韓上表《さんかんじょうひょう》」）という儀がおこなわれ、その場で入鹿が惨殺された。このクーデターの後の七月十日に高句麗・百済・新羅三国からの「進調」の記事が見えるので、実際に三国からの使者は倭国に到っていたのであろう。外交を担当していた大臣《おおまえつきみ》である入鹿は、まんまと乗せられてしまったことになる。

この時、百済の調使《ちょうし》は「任那使」を兼ね、「任那の調」を進上したと『日本書紀』に見える。倭王権は、加耶地域を奪回した百済に対して、新たに「任那の調」を貢進《こうしん》させる方策に転換したのであろう（西本昌弘「倭王権と任那の調」）。この時に百済使に伝えた詔は、

「はじめ、自分の遠い先祖の天皇（神功皇后《じんぐうこうごう》）の御世に、百済国を内官家《うちつみやけ》となさった。

それは、たとえていうならば、三つにより合わせた綱のようなものである。なかごろ、任那国を百済に付属させた。その後、三輪栗隈君東人《みわのくるくまあずまひと》を遣わして任那国の境域を視察させたところ、百済の王は勅のままに、その境域をすべて示した。しかし、このたびの調には不足があるので、返却させる。また、任那から奉られるものは、天皇が自ら御覧になるものであるから、これからはどちらの国から出された調であるかをはっきりと記すようにせよ」

というもので（『日本書紀』）、少なくとも『日本書紀』編纂《へんさん》時の百済に対する歴史認識を示すものである。

その改新政府は、大化《たいか》二年（六四六）九月に高向黒麻呂《たかむこのくろまろ》（玄理）を新羅に遣わして、新羅から人質を取ることを要求するとともに、「任那の調」の貢上を停止することを通達している（『日本書紀』）。倭国としては、加耶地域を実際に支配している国から「任那の調」が取れれば、その相手は新羅でも百済でもよかったのであろう。なお、翌大化三年（六四七）、新羅は金春秋（後の武烈王）を倭国に派遣している（『日本書紀』）。

この後も新羅は、大化四年（六四八）、大化五年（六四九）、白雉《はくち》元年（六五〇）、白雉二年（六五一）と倭国に使節を派遣しているが、百済は白雉二年に至るまで、倭国に使節を派遣することはなかった。「任那の調」の貢上をめぐって、国内でも意見が割れていたのかもしれない。

その頃、百済・高句麗の侵攻にさらされていた新羅は、倭国から帰国した金春秋を六四八年に唐に派遣して、礼服《らいふく》を唐制に改め、唐の年号を使用するなど、唐への急速な追従《ついしょう》を強めていた（『三国史記』新羅本紀）。白雉二年には、「貢調使《こうちょうし》」が唐の服を着て筑紫《つくし》に着いたので、追い返されている。この時、左大臣の巨勢徳太《こせのとこだ》が、

「ここで新羅を懲《こ》らしめませんと、いまにきっと後悔することになりましょう。なにも征討に労することはございません。難波津《なにわのつ》から筑紫の海に至るまで、海上に船をいっぱいに浮かべ、新羅を呼びつけてその罪をただせば、たやすく屈服するでございましょう」

と語ったというのは（『日本書紀』）、実際にあったことかどうかは別にして、激動する北東アジア国際関係に対する倭国の外交感覚の鈍感さを如実に象徴するものである。

百済滅亡への道

百済は六五一年に唐に遣使をおこない、高宗《こうそう》から新羅との和睦《わぼく》と新羅の城の返還を命じられたが（『三国史記』百済本紀）、白雉四年（六五三）に倭国に使者を派遣した（『日本書紀』）。おそらくは緊迫する対新羅関係に際して、唐よりも倭国・高句麗との同盟に期待する旨の同意に達したのであろう。これ以降、百済は唐への遣使をおこなっていない。

扶余・定林寺址五重石塔

六五五年、百済は高句麗と連携してふたたび新羅への攻勢を強め、新羅の北辺を攻撃した。新羅はさっそく、使節を唐に派遣して救援を請うている（『三国史記』百済本紀・高句麗本紀・新羅本紀）。

この頃から、『三国史記』百済本紀には、百済王の驕慢《きょうまん》や淫荒《いんこう》・耽楽《たんらく》の記事、また滅亡の予兆《よちょう》記事がめだつようになる。中国の正史《せいし》に倣《なら》った王朝末期の様相を呈してきたのである。後に百済を滅ぼした蘇定方《そていほう》が扶《ふ》余《よ》の定林寺《じょうりんじ》の五重石塔に刻ませた「大唐平百済国碑《だいとうへいひゃくさいこくひ》銘《めい》」にも、「外には正しい臣下を棄《す》て、内には妖《あや》しい婦人を信じ、刑罰《けいばつ》はただ忠良《ちゅうりょう》な者にのみ及び、寵愛《ちょうあい》と信任《しんにん》は諂《へつら》うものに先ず与えられた」と、同様の認識が示されている。

同じ六五五年、唐の高句麗征討が再開され、それは六六八年の高句麗滅亡までつづくことになる。百済では、国政運営の乱脈が貴族間の分裂を生んで、変化する国際情勢に対する洞察《どうさつ》や相手国の情報把握がじゅうぶんにできなくなり、特に唐が侵攻してもまず高句麗を攻撃するはずで、それによる激戦が起こっているあいだに対応策を求めても大丈夫であるという考えを生じさせたという指摘（盧泰敦『古代朝鮮　三国統一戦争史』）は、正鵠《せいこく》を射たものであろう。

この新局面を迎えた北東アジア情勢に対して、倭国はどのように対応していたのであろうか。白雉四年に中大兄王子や「皇祖母《すめみおや》」宝《たから》王女（元の大王皇極《おおきみこうぎょく》）、大海人《おおしあま》王子らが大王孝《こう》徳《とく》を難波《なにわ》宮に残して飛鳥《あすか》に還っているのも、単なる権力闘争だけではなく、国際情勢に対する対応の一環だったのであろう。

白雉五年（六五四）に第三次遣唐使として高向玄理が派遣されたが（『日本書紀』）、国際情勢の把握と唐との協議を目的としたものであったのかもしれない。なお、彼らは、「時に新羅は、高麗《こま》（高句麗）・百済の為に攻められている。高宗は璽書《じしょ》を賜わって、出兵して新羅を援《たす》けさせた」と、唐の高宗から新羅救援を命じられている（『新唐書』日本伝）。「王の国（倭国）は新羅・高麗・百済と接近している。もし危急《ききゅう》の事態となれば、宜しく使（軍兵）

を遣わして新羅を救うように」（『新唐書』日本伝、『善隣国宝記』所引「唐録」）と言われても、百済・高句麗の同盟国である倭国がこれに従うはずもなかった。

六五九年四月に百済が新羅を攻めると、新羅は唐に援兵《えんぺい》を請い（『三国史記』新羅本紀)、唐は百済攻略を決定した。新羅が外国勢力を半島に引き入れて百済と高句麗を滅ぼし、やがて半島を統一することの意味は、別に問われなければならない。三国統一戦争は三国間の統合戦争であると同時に、唐の三国侵略戦争でもあったのである（盧泰敦『古代朝鮮　三国統一戦争史』）。

なお、新羅は斉明《さいめい》二年（六五六）以来、倭国に使節を派遣していない。これらの情勢の変化に対応できていない倭国は、斉明五年（六五九）七月にも第四次遣唐使を発遣《はっけん》した。前年の阿倍比羅夫《あべのひらふ》の北方遠征の成果を得て、蝦夷《えみし》を唐の天子に見せ、倭国が東辺・北辺の蝦夷を服属させていることを唐に示そうとしたと考えられている（森公章『遣唐使の光芒』）。

ところが、能天気な倭国は気づいていなかったのであるが、翌六六〇年から唐は百済討伐に乗り出す。そのため、「国家（唐）は、来年きっと海東《わたのひがし》（朝鮮半島）の征討をおこなうであろう。それゆえおまえたち倭の客人は、東に帰ってはならぬ」（『日本書紀』所引「伊吉連《いき》博徳書《はかとこ》」）と命じられ、一行は唐で何年も辛苦の年月を送ることになる。

百済滅亡

六六〇年三月、唐の高宗は、蘇定方を神丘道行軍大総管《しんきゅうどうこうぐんだいそうかん》、金仁問《にんもん》（新羅の武烈王の次男）を副大総管《ふくだいそうかん》に任じ、水陸軍十三万を率いて百済に進発《しんぱつ》させた。また新羅の武烈王を嵎夷道《ぐういどう》行軍総管《こうぐんそうかん》に任じて五万の兵を率い、金庾信《ゆしん》らとともに五月に進発して、これを応援させた。唐は海上から、新羅は陸上から、それぞれ百済に侵攻し、これを挟撃《きょうげき》したのである。

もともと百済は、（『三国史記』や『冊府元亀《さつぷげんき》』『日本書紀』の記述を信じれば、の話だが）義慈王が奢侈《しゃし》や遊興《ゆうきょう》に耽《ふけ》り、忠臣《ちゅうしん》や賢良《けんりょう》を誅殺《ちゅうさつ》するなど、自滅への道を歩んでいたとされるのだが、これだけの軍勢で東西から攻め込まれたら、持ちこたえるのは不可能であった。

加えてその作戦も、大いに誤ったものであった。すでに六五六年に義慈王の淫荒を諫言《かんげん》して獄に投じられた成忠《せいちゅう》は、死の直前に書を進上して、いずれ戦争が起こることを予言し、陸路では沈峴《ちんけん》（現韓国大田広域市儒城区炭峴）を越えさせず、水路では伎伐浦《ぎばつほ》（現韓国忠清南道舒川郡長項）の沿岸に入らせないようにすべしと指摘したが、義慈王がこれを顧《かえり》みることはなかった。

また、これも配流《はいる》されていた興首《こうしゅ》に作戦を問うと、やはり唐兵を白江《はくこう》（または伎伐浦）に入れぬよう、新羅人を炭峴《たんけん》（または沈峴）を越えないようにせよと報答《ほうとう》した。しかし義慈王の取り巻きが、興首は長い配流生活で君主を怨《うら》み、国を愛していないだろうからその言葉を信用すべきではないとして、唐兵を白江に入らせ、新羅軍に炭峴に登らせたうえで撃てばよいという作戦を採用した（『三国史記』百済本紀）。

そうこうしているうちに、唐軍は白江、新羅軍は炭峴を、それぞれ通過してしまった。百済は階伯《かいはく》の率いる五千人の決死隊で七月九日に黄山《こうざん》（現韓国忠清南道論山市連山面）で迎撃《げいげき》して激戦となったものの、衆寡《しゅうか》敵せず、ついに新羅に降《くだ》った（『三国史記』百済本紀・新羅本紀）。

残った百済軍は熊津江《ゆうしんこう》（錦江《きんこう》）の入口を塞《ふさ》いで戦ったが、これも同じ七月九日に大敗した。なお、この日、早くも両軍の集結日をめぐって定方と庾信とのあいだに確執を生じている（『三国史記』新羅本紀）。後年の両国のあいだの戦争の伏線は、すでに芽生えていたのである。

定方は扶余城への進撃をためらっていたが、十二日、庾信の説得によって進撃を開始した。十三日の夜、義慈王は太子や近臣とともに逃亡し、熊津《ゆうしん》城に逃亡して避難

扶余・扶蘇山城から見た錦江

扶余・扶蘇山城石槽

扶余・扶蘇山城蓮池

した。しかし十八日になると、義慈王と太子は降服した。八月二日に酒宴が開かれ、堂上に坐った定方たちは堂下の義慈王たちに酒を酌《つ》がせ、百済の臣下で咽《むせ》び泣かない者はなかったとある（『三国史記』新羅本紀）。

定方は義慈王と太子、三人の王子、大臣・将士《しょうし》八十八名、百姓《ひゃくせい》一万二千八百七名を唐の長安《ちょうあん》に送った（『三国史記』百済本紀）。斉明五年（六五九）に発遣され、長安に軟禁されていた倭国の第四次遣唐使の一行は、九月十二日に倭国放還《ほうかん》が決定したのだが、十一月一日に洛陽《らくよう》で、義慈王や諸王子十三人、大臣以下三十七人が連行されてきたのを目撃している（『日本書紀』）。国家というものが滅亡し、その結果がどのような状況をもたらすのかを、一行は肌身に滲《し》みて実感したことであろう。これを記録した伊吉博徳は、やがて壬申《じんしん》の乱や大津《おおつ》皇子の変も乗りきり、大宝律令《たいほうりつりょう》の編纂に携わって、古代国家の建設に従事することになる。

なお、義慈王は同年、唐で病死し、暴君であった呉《ご》の孫皓《そんこう》や、亡国《ぼうこく》の君主として暗君《あんくん》の典型とされた陳《ちん》の後主《こうしゅ》（陳叔宝《ちんしゅくほう》）といった、いずれも王朝最後の皇帝《こうてい》の墓の側《そば》に埋められた（『三国史記』百済本紀）。孫皓の墓は河南県邙山《ぼうざん》（現中国河南省洛陽市の北）にあったとされる（『呉録《ごろく》』）。

義慈王の仮墓が父祖の地である百済・扶余の陵山里《りょうざんり》古墳群に隣接して造られたのは、二〇〇〇年のことであった。私がはじめて陵山里古墳群を訪れたのは一九八一年のことであり、まだ仮墓はなかったが、仮墓造営のニュースを知らなかったものだから、二〇一一年にふたたび陵山里古墳群を訪れた際に義慈王の仮墓を見つけ、大いに感慨に耽ったものである。

倭国への報せ

百済滅亡の報せは、いち早く倭国に達せられた。まず『日本書紀』の、百済が滅びた斉明六年（六六〇）七月条に付された注には、高句麗の沙門道顕《しゃもんどうけん》の『日本世記《にほんせいき》』を引いて、春秋智《しゅんじゅうち》（武烈王）は、大将軍蘇定方の助けを借りて、百済を挟撃し、これを滅ぼした。

という記事を載せている。また、

ある人は、「百済は自滅したのだ。君（義慈王）の大夫人（恩古《おんこ》）が悪女で無道《むどう》のふるまいをし、国政を左右して賢良の臣を誅殺したため、この禍《わざわい》を召いたのだ。本当に用心しなければならない」といった。

という世評を載せている。また、道顕の自注として、

新羅の春秋智は、内臣蓋金《ないしんがいきん》（高句麗の泉蓋蘇文）に援助を願ったが許されず、それゆえさらに唐に使して、自国の衣冠を捨て、天子（唐の高宗）に媚《こ》びて隣国（百済）に禍を与えようと意図したのである。

という評価を下している。やがて唐・新羅連合軍によって滅ぼされることになる高句麗からの視点ではあるが、この戦闘の本質の一つを衝いたものと言えよう。

つぎに『日本書紀』の九月の記事では、百済遺臣《いしん》からの使節の語った言葉として、

「今年の七月に、新羅は力をたのみ勢威をふるって隣国（百済）と親しまず、唐人を引きこみ、百済の国を覆《くつがえ》しました。君臣はみな捕えられ、ほとんど残った者がおりません」

と見える。これが倭国の得た第一報なのであろう。

倭国の受けた衝撃は想像に余りあるが、しかしながら、それもすぐに別の方向に向かったことであろう。この使節がつづけて語ったのは、百済遺臣の唐への叛乱《はんらん》と、あと一歩で王城を奪還できそうだという情報だったのである。

4　白村江の戦

百済遺臣の叛乱

百済《ひやくさい》が滅亡したとはいっても、じつは王都が陥落《かんらく》して国王とその一族、そして貴族が唐《とう》に連行されただけに過ぎなかった。

唐は劉仁願《りゆうじんがん》に旧都城《とじよう》を守らせるとともに、旧百済領に熊津《ゆうしん》・馬韓《ばかん》・東明《とうめい》・金漣《きんれん》・徳安《とくあん》の

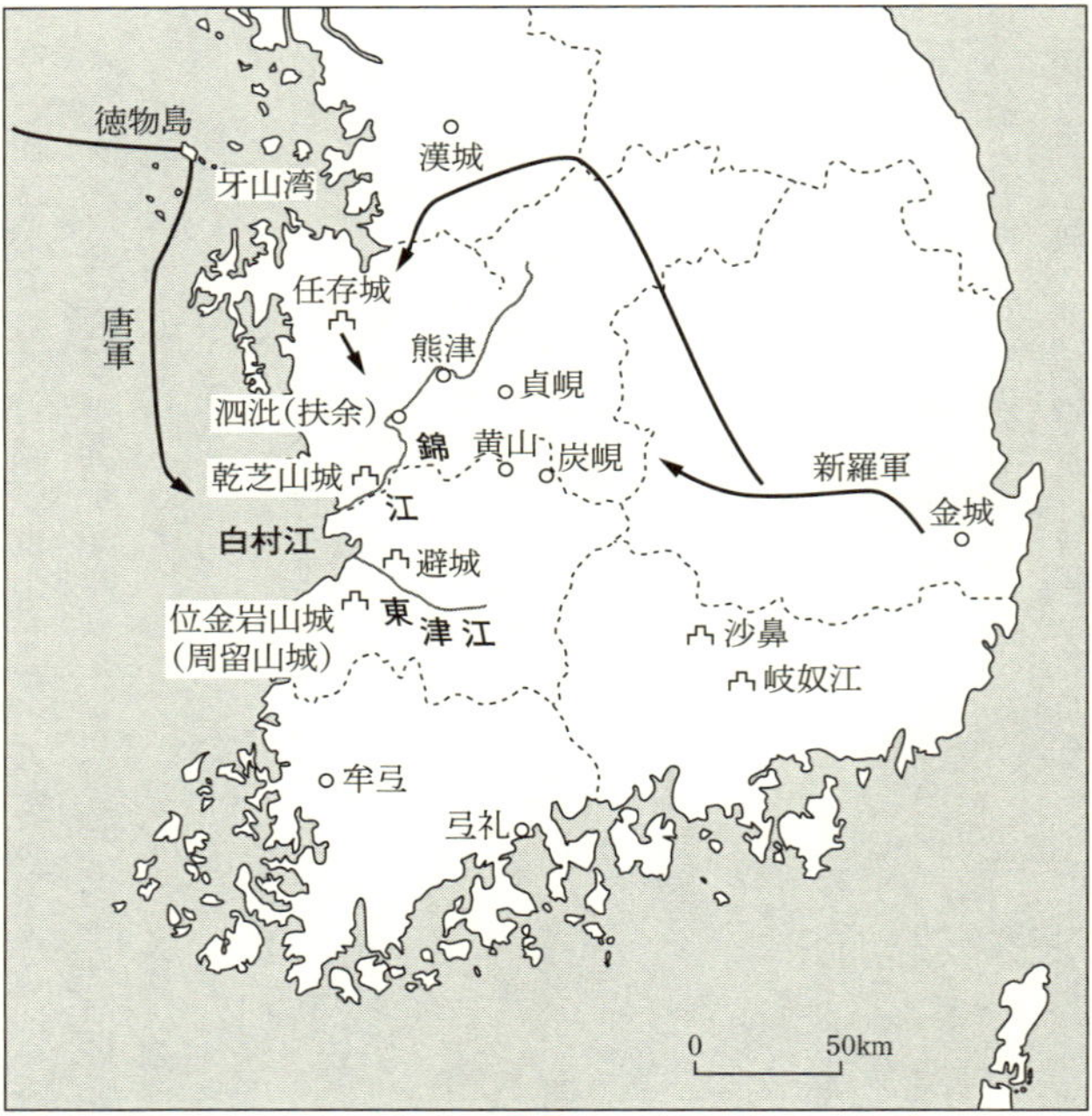

「白村江の戦」関係地図（森公章『「白村江」以後』を基に作成）

五都督府《ととくふ》を設置し、その統轄下に州・県を置いた。そして在地の首長を都督・刺史《しし》・県令《けんれい》として、それぞれの府・州・県を治めさせた（『三国史記《さんごくしき》』百済本紀）。

つまり、唐は旧来の百済の地方統治体制を温存したうえで、高句麗《こうくり》征討に向かったのである。これは百済の支配体制（と地勢）をまったく見誤ったもので、すぐに百済遺臣《いしん》による叛乱《はんらん》が起こることになる。

八月二日には早くも、百済の敗残兵が南岑《なんしん》・貞峴《ていけん》（現韓国忠清南道大徳郡鎮岑面）・□□城に立て籠もり、また兵を集めて唐や新羅《しんら》人に掠奪《りゃくだつ》をはたらいた。二十六日には任存《にんぞん》の大柵（現韓国忠清南道礼山郡大興面の任存城、もしくは現韓国忠清南道洪城郡長谷面の鶴城山城《かくじょうさんじょう》）で抵抗をみせている（『三国史記』新羅本紀）。

仁願は九月三日に王城である泗沘《しひ》城（現韓国忠清南道扶余郡）に入ったが、二十三日には百済残兵が泗沘城を攻撃し、泗沘の南嶺《なんれい》（扶余《ふよ》の錦城山《きんじょうさん》）に拠《よ》って抵抗をつづけた。百済人でこれに呼応する者が二十余城に達したという。この日、唐の高宗《こうそう》は熊津都督《ゆうしんととく》として王文度《おうぶんたく》を派遣したが、文度は二十八日に急死してしまった（『三国史記』新羅本紀）。

十月に入ると、新羅からの援軍が到着し、百済の二十余城は降服し、泗沘の南嶺も攻撃を受けて千五百人の首を斬られたとある（『三国史記』新羅本紀）。これで当面、泗沘城が奪還される危機は脱したことになる。

鬼室福信の挙兵と百済救援要請

倭《わ》国に百済滅亡の第一報が届いた際、使者はすでに鬼室福信《きしつふくしん》の挙兵をつぎのように告げている（『日本書紀』）。

「西部恩率《さいほうおんそつ》鬼室福信は、このさまに発憤《はっぷん》して任射岐山《にざぎのむれ》（任存城）に拠りました。達率《だっそつ》余自進《よじしん》（自信）も、中部《ちゅうほう》の久麻怒利城《くまのりのさし》（熊津付近）に拠り、それぞれ軍営をつくって散り散りになった兵卒を呼び集めました。武器は以前の戦役《せんえき》に使い果たしましたので、梧《つかなぎ》（棒）を手にして戦い、新羅の軍を破りました。百済が新羅の武器を奪ったので、今やかえって百済の武器の方が鋭利となり、唐もあえて侵入してまいりません。福信らは国人を呼び集め、ともに王城を保っております。百済の人びとは尊敬して、佐平《さへい》福信、佐平自進と呼んでおりますが、すぐれた武力を用いていったん滅びた国を興《おこ》したのは、ひとえに福信の功績であります」

百済救援を要請する文脈のなかで語られる福信の戦績であるから、多分に誇張を含んだものであることを、中大兄《なかのおおえ》王子や中臣鎌足《なかとみのかまたり》は、どれほど認識していたであろうか。なお、この福信というのは百済王の親族で（『三国史記』百済本紀、『旧唐書《くとうじょ》』百済伝）、百済の旧将とされる人物である（『三国史記』百済本紀）。

十月には、福信は唐の捕虜《ほりよ》百余人を倭国に送ってきた。これらは美濃《みの》国の不破《ふわ》・片県《かたあがた》二郡に安置された（『日本書紀』）。じつはここは大海人《おおしあま》王子の湯沐邑《ゆのむら》（王族の封戸《ふこ》）が置かれた地であり、この唐人が十二年後の壬申《じんしん》の乱でふたたび登場する（『釈日本紀《しゃくにほんぎ》』）ことになろうとは、誰も想像できなかったであろう。なお、捕虜を送ってきた正確な年次は『日本世記《にほんせいき》』の伝える翌斉明《さいめい》七年（六六一）十一月のことであろう（森公章『「白村江」以後』）。

さて、福信は救援軍の派遣と百済王族余豊璋《ほうしょう》（扶余豊《ふよほう》。皇極《こうぎょく》元年〈六四二〉に追放され、倭国に渡った義慈《ぎじ》王の弟・翹岐《ぎょうき》のことか）の帰国を請うてきた（『日本書紀』）。

「唐人は、我が悪賊（新羅）を率いて我が領域を荒らし、我が国家（百済）を覆し、我が君臣を捕えました。しかしなお百済国は、遥かに天皇のお護りくださるお気持ちを頼りとして、人びとを呼び集め、また国をつくりました。今つつしんでお願いいたしたいのは、百済国が朝廷（倭国）に仕えるべく差し出しました王子豊璋を迎え、国の主とすることでございます」

叛乱を有利に進めるために、豊璋を首領に据え、やがて即位させて百済を復興しようということなのであろう。それはあたかも、四世紀後半の七支刀《しちしとう》の贈与による百済救援要請、五世紀後半に百済が高句麗に滅ぼされた際に、倭国が東城王《とうじょう》を帰国させて百済を再興したと伝えられることと軌を一にする、百済復興案であった。「歴史はくりかえす」と言うが、倭国の指導者たちは、ここに同じ夢を三たび見てしまったということなのであろうか。しかし、「歴史はくりかえす」というのは、「人間は同じ過ちを何度でもくりかえす」という意味なのであり、歴史はまったく後世の鑑《かがみ》になることはないのである。

斉明はこの要請に対し、つぎのように答えた（『日本書紀』）。

「救援の軍を乞うことは、昔から聞くことであり、危うきを助け、絶えたものを継ぐことは、古来典籍《てんせき》に明記されています。今、百済国が、本国が滅び乱れて拠るところも告げるところもないと、困窮《こんきゅう》して我が国に頼って来ました。戈《ほこ》を枕にし、胆《きも》を嘗《な》めるような苦労をしつつ、どうか救援してほしいと、はるばるやって来て願い出ている。その志を、どうして見捨てることができましょう。将軍たちにそれぞれ命令をくだし、百の道からともに前進させなさい。雲のように集い、雷のように動いてみな沙《さ》喙《たく》（新羅の地）に集結し、敵を倒して百済の窮迫《きゅうはく》をやわらげなさい。各有司《つかさ》は王子のために十分な用意をし、礼をつくして発遣《はっけん》させるように」

豊璋を護衛するための軍兵を派遣するということが、唐・新羅軍との衝突が避けられないものであること、そしてその戦闘がもたらすであろう結果、またその結果が及ぼすであろう倭国への影響、などといった諸問題は、ここでは語られてはいない。

また、派遣軍が新羅の地をめざすと言っていることも、この戦闘の対手《たいしゅ》を新羅と認識していたことを示すものである。

白村江への出兵（「百済の役」）について

戦争について考える際に、いつも思うのは、後世の結果でもって考えるといかにも無謀で愚かな行動であっても、その当事者たちの思考の範疇《はんちゅう》では、それがわからないということである。歴史学というのは、必ず後の結果のみで考察するものなのであるが（「歴史の後智慧」）、歴史というものは、すでに起こってしまった結果から遡って考えてはならず、物事が起こった時点時点における情報と知識と情勢と歴史条件の範囲のなかにおいて考えなければならない。

白村江《はくそんこう》の戦については、一般的には、中大兄と鎌足を中心とする当時の倭国の支配者が、大唐帝国と新羅の連合軍に対して無謀な戦争をしかけたという理解がなされている。その際、倭国の外交戦略の未熟さ（森公章『「白村江」以後』）や、新羅の外交戦略の巧みさ（中村修也「白村江の戦いの意義」）を説くという視点が多かった。

戦争は外交の一分野で、外交は政治の一ジャンルであるという視点を持たず（ましてや政治が文化の一類型であるとは）、戦争＝悪と短絡的に考える立場からは、古代のこの戦争も愚かで悪いことをしたのだ、という図式は、心情的に理解しやすいものだったのであろう。相手が中国や朝鮮であってみれば、なおさらである。

しかしながら、白村江への出兵は、ほんとうに無謀な蛮行《ばんこう》だったのであろうか、ということを考えなければならない。まったく勝算もなく、あれだけの兵を集めて海外に派兵するものであろうか、という視点で考えてみると、中大兄たちが派兵に踏み切ったこの段階というのは、福信たちが唐の進駐軍に対して叛乱を起こし、各地で勝利を収めていた時期であった。その時点で倭国に使者を遣わして戦果を誇大に報告し、援軍の派兵を要請してきたということを忘れてはならない。

外征への出発

翌斉明七年正月六日、斉明を先頭に、中大兄王子・大海人王子ら、倭王権の中枢部を載せた船団は難波《なにわ》を出発した。八日には吉備《きび》の大伯海《おおくのうみ》（現岡山市南東部から備前市、瀬戸内市）、十四日には伊予《いよ》の熟田津《にきたつ》（現愛媛県松山市西垣生町の重信川河口）から石湯行宮《いわゆのかりみや》（現松山市来住町の久米官衙《くめかんが》遺跡群）に到達した。伊予には三月二十五日まで留まっているが（『日本書紀』）、おそらくは両地とも、徴兵をおこなっていたのであろう。『備中国風土記《びっちゅうのくにふどき》』逸文《いつぶん》が、斉明が勝《すぐ》れた兵二万人を得たので二萬《にま》の郷《さと》（邇磨《にま》郷）と名づけたという徴兵をおこなったと語るのは大伯海に滞在した際のことであろうし、

熟田津に 船乗りせむと 月待てば 潮もかなひぬ 今は漕ぎ出でな
（熟田津で船に乗り込もうと、月の出を待っていると、潮も満ちて船出に都合よくなってきた、さあ、今こそ漕ぎ出ようではないか）

と額田女王《ぬかた》（または斉明）が詠《うた》ったと伝えるのは（『万葉集《まんようしゅう》』）、伊予から筑紫《つくし》に向けて船出した際のことである。斉明にとっては、帰ることのない船出となったのであるが。
三月二十五日、一行は娜大津《なのおおつ》（現福岡市中央区那の津）に着き、磐瀬《いわせ》行宮（現福岡市南区三宅）に入った。五月九日にはさらに南方の朝倉橘広庭宮《あさくらのたちばなのひろにわ》（現福岡県朝倉市）に遷《うつ》ったとある（『日本書紀』）。

その間の四月、百済の福信から使節が到来し、豊璋の送還をふたたび要請してきた。いよいよ豊璋の渡海《とかい》も近づくなか、斉明は七月二十四日に朝倉橘広庭宮で死去してしまう。中大兄は称制《しょうせい》（大王位に即かないまま政事を聴くこと）をおこない、ふたたび長津宮《ながつ》（磐瀬行宮を改名したもの）で軍事指導にあたった。

百済戦線の情勢

一方、百済では、六六一年二月、急死した王文度に代わって、唐から劉仁軌《じんき》が着任した。泗沘城を包囲していた福信と僧道琛《どうちん》の軍勢は、仁軌が進軍してくると、熊津江《ゆうしんこう》（錦《きん》江《こう》）の河口に二つの柵を立てて防いだが、新羅軍と合流した仁軌軍に敗れ、戦死した者は一万余人に達した。福信たちは泗沘城の包囲を解いて任存城に拠った。新羅軍は食糧が尽きて、三月にいったん兵を返した（『三国史記』百済本紀）。

唐の高宗は、百済から撤兵せよとの詔《しょう》を下したが、仁軌は百済平定の重要性を説いて駐《ちゅう》留《りゅう》をつづけた（『旧唐書』劉仁軌伝）。この頃、唐軍は司令部を泗沘城から防御に有利な熊津城に移している（盧泰敦『古代朝鮮　三国統一戦争史』。『資治通鑑《しじつがん》』所引「考異《こうい》」による）。道琛は仁軌に、

「聞けば大唐は新羅と誓約して百済人を老少問わずみな殺した後、新羅に与えるという。坐って死を受けるのは、どうして戦って死ぬよりましであろうか。これこそ我々が互いに集合して固く守る所以《ゆえん》である」

と告げた。このような情報を百済遺臣に流して、唐・新羅への抵抗をつづけたのであろう。仁軌はこれに対して説得にあたったが、道琛は聞かず、ここに徹底抗戦という道が選ばれることとなった（『三国史記』百済本紀）。

しかしこの年、福信と道琛とのあいだの主導権争いが表面化し、福信は道琛を殺してその軍を接収した（『三国史記』百済本紀）。

なお、新羅では六月に武烈《ぶれつ》王が死去し、文武《ぶんぶ》王が即位している。

百済救援第一次派兵

倭国では、八月に第一次の百済救援軍が編成された。前軍《ぜんぐん》の将軍に阿曇比邏夫《あづみのひらふ》と河辺百枝《かわべのももえ》、後軍《こうぐん》の将軍に阿倍引田比羅夫《あべのひけたのひらふ》・物部熊《もののべのくま》・守大石《もりのおおいわ》が選ばれ、百済を救って兵仗《へいじょう》・五穀《ごこく》を送ったとある。後文には、軍船百七十艘《そう》を率いたと見える（『日本書紀』）。阿倍引田比羅夫はかつて北国経営に手腕を発揮した人物で、「筑紫大宰帥《つくしのだざいのそち》」の任にあったとされる（『続日《しょくに》本紀《ほんぎ》』）。この救援軍は地方豪族である国造《こくぞう》に率いられた筑紫の兵を派遣したものであることが推測されている（森公章『「白村江」以後』）。実際、古来から倭王権の軍事を担ってきた大伴《おおとも》氏や、外交・外征に特色を持つ紀《き》氏などの名は見えない（鬼頭清明『白村江』）。葛城《かずらき》集団の後裔《こうえい》である蘇我《そが》氏も同様である。

なお、ここに見える前軍・後軍というのは進軍の順序を示すものに過ぎず、この将軍たちの相互のあいだには律令《りつりょう》的官僚的身分秩序がなく、フラットな関係であったことが古くから指摘されている（鬼頭清明『白村江』）。それはたしかに、マエツキミ（大夫）層が国政諸部門を分掌《ぶんしょう》するという、官司《かんし》制《せい》成立以前のこの時期の支配体制に相応しいものである。

九月には、中大兄は当時の倭国の冠位の最高位である織《しょく》冠を豊璋に授け、また多蔣敷《おおのこもしき》（『古事記《こじき》』の編者である太安万侶《おおのやすまろ》の祖父）の妹を妻として娶《めあわ》せ、狭井檳榔《さいのあじまさ》と秦田来津《はだのたくつ》に軍兵五千余人を率いさせて護衛とし、百済に送らせた。豊璋が国に入ると、福信が迎えてこれを拝し、豊璋は福信に国政を委《ゆだ》ねた（『日本書紀』）。

冠位というのは君主が臣下に授けるものであり、大王《おおきみ》代行の中大兄が豊璋にこれを授けたというのは、倭国と百済が君臣関係となったという主張を可視的に示す表象《ひょうしょう》であった。また、倭国の女性を豊璋の妃《きさき》とするということは、やがてこの女性が産むであろう王子がそのつぎの百済王にでもなれば、倭国の血の入った王子が百済王となることになり、

「東夷《とうい》の小帝国」構想が大きく進展することになる。

中大兄の考えた百済の復興計画は、おおよそ、このようなものであったのだろう。ただし、その前提として、唐・新羅連合軍と戦ってこれを破る必要があったのであるが。

この間、百済では新羅軍への食糧補給がままならず、百済遺臣の叛乱は優勢のうちに推移していた（『三国史記』新羅本紀）。中大兄の野望も、あたかも実現しそうになっていたかのように思われたはずである。

なお、この度の派兵は、百済救援の物資を送り、豊璋衛送《えいそう》の軍を護送することだけが目的で、任務が終わると、すぐに百済から帰国したと推定されている（森公章『「白村江」以後』）。たしかに、河辺百枝は天武《てんむ》六年（六七七）に「民部卿《かきべのまえつきみ》」として見え、守大石は天智《てんじ》四年（六六五）に遣唐大使《けんとうたいし》に拝されているから、白村江の戦には参加せずに、この後に帰国した可能性が高い。阿倍引田比羅夫も翌年に第二次百済救援軍の将軍として渡海しているから、いったん帰国したようである。しかし、秦田来津はこの後も倭・百済連合軍の戦略決定に関わりつづけ、最後は白村江で戦死しているから、この第一次百済救援軍もすべてが帰国したわけではないものと考えられる。将軍や兵士の一部はそのまま百済の地に残り、第二次や第三次の百済救援軍と合流したものと考えるべきであろう。

この時点では、倭国軍は唐・新羅連合軍と戦闘をおこなってはおらず、このまま新国王と物資のみを百済に置いて、あとは知らんぷりを決め込んでいれば、決定的な敗戦には至らずに済んだはずであった。

しかしながら、軍事同盟というものは、それほど都合よく、自国の利益だけを考えて行動できるものではない。やがて倭国は総力を挙げてこの戦争に介入していくことになる。

豊璋王の即位

翌天智元年（六六二）正月に、福信に矢十万隻・糸五百斤《きん》・綿一千斤・布一千端《たん》・韋《おしかわ》（なめし皮）一千張・稲種三千斛《こく》を賜わったと、三月に百済王（豊璋）に布三百端を賜わったと、それぞれ『日本書紀』に見えるのが、この救援物資の輸送にあたるのであろう。

なお、三月、唐・新羅が高句麗を攻め、高句麗の要請を承けた倭国軍は疏留城《そるさし》（周留《する》城、州柔城《つぬさし》とも）に拠ったため、唐も新羅も高句麗を攻められなかったとある（『日本書紀』）。北東アジア全体を巻き込んだ戦乱は、風雲急を告げてきたのであり、倭国もそのただ中に深く入り込んでしまったのである。

五月、豊璋は百済王の位に即いた。阿曇比邏夫はまた、福信の背を撫《な》でてその功を誉め、爵位《しゃくい》や禄物《ろくもつ》を下賜《かし》した（『日本書紀』）。福信をも倭国王の臣下としたという『日本書紀』の文脈なのであろう。

ところが十二月、倭国軍と豊璋や福信とのあいだで、意見の齟齬《そご》が表面化する。豊璋や福信は、州柔（疏留城・周留城）は防戦のための場所で、田畠に遠く、土地も痩《や》せていて農耕や養蚕に適していないから、長くいると民が食物にも事欠くということで、平地で豊かな避城《へさし》（現韓国全羅北道金堤市）に移ることを、狭井檳榔と秦田来津に提案した。それに対し、田来津が反論した（『日本書紀』）。

「避城と敵のいる場所とは、一晩で行けるほどの近さだ。もし攻撃をうけたら、後悔してももう遅い。人が飢えることより、国が滅びるかどうかということのほうが大切ではないか。いま敵がむやみに攻めて来ないのは、州柔が険しい山々を防壁とし、山高く谷せまくて、守るに易く攻めるに難いところにあるからだ。これが平地であったら、今まで守りを固めて動かずにいることがどうしてできただろう」

豊璋がこの諫《いさ》めを聞き入れず、避城に都を遷したとあるのは（『日本書紀』）、倭国軍の意見を聞かない愚かで専制的な百済指導者という文脈で、やがて来る敗戦の責任を彼らに押しつけるという『日本書紀』の主張なのであろうが、多数に膨らんだ兵や民の生活を思う豊璋と、あくまで外国部隊である倭国軍との基本的な立場の相違と見ることもできよう。

乾芝山城

それはさておき、新国王の居地の選定に関与していることは、百済救援軍の将軍が、単なる軍隊の指揮のみならず、作戦の立案などの点で百済王の諮問《しもん》にあずかる職権を認められていた可能性が指摘されている（遠山美都男『白村江』）。思えばかつての四世紀や六世紀の倭王権の派遣軍、また五世紀の「六国諸軍事《しょぐんじ》」の実体もこうだったのでないかと彷彿《ほうふつ》させる事例である。

州柔城（䟽留城・周留城）の位置

ここで州柔城（䟽留城・周留城）の位置について触れておきたい。この城は白村江の戦の後で、最後の戦闘がおこなわれることになる場なのであるが、白村江の位置が確定していないので、その近辺とされる州柔城についても、さまざまな比定地《ひていち》が存在する。

主なものでも、現韓国忠清南道舒川郡韓山面芝峴里の乾芝《かんし》山《さん》城、忠清南道洪《こう》城郡の洪城、忠清南道世宗特別自治市の燕岐《えんぎ》城（雲住山《うんじゅうさん》城）、全羅北道扶安郡上西面甘橋里の位金岩《いきんがん》山《さん》城などであり、このなかでは乾芝山城を充てる説が有力であった。

しかし、これは白村江を錦江河口に比定した津田左右吉以来のものであり（津田左右吉「百済戦役地理考」）、近年の発掘調査で、乾芝山城が高麗《こうらい》時代以降の山城であることが明らかとなった。また、乾芝山城は「山峻高《さが》しくして谿隘《たにせま》ければ、守り易くして攻め難し」というほどの地形ではないというのが、実際に登ってみた感想である。頂上（海抜一六九メートル）の展望台から見下ろすと、眼下には豊かな田園地帯が広がっていて、とても「遠く田畝《でんぽ》に隔《へだ》り、土地磽确《こうかく》にして、農《のう》桑《そう》の地に非《あら》ず」という表現に相応しいとは思えなかった。

（上）周留山城
（下）周留山城・禹金岩の洞窟

これに対し、現地の山城を五十年以上にわたって踏査《とうさ》された全榮來氏によれば、位金岩山城こそ、李《り》氏《し》朝鮮《ちょうせん》時代の地理書である『東国輿《とうごくよ》地勝《ちしょう》覧《らん》』に「辺山はその峯が百余里にもわたってめぐらされ、幾重にも重なり合い、高大で岩の谷は奥深い」と、『朝鮮王朝実録《ちょうせんおうちょうじつろく》』に「重畳高大《ちょうじょう》にして、岩谷深邃《しんすい》」と、それぞれ記されているような地形であり、周留城（州柔城）に相応しいという（全榮來『百済滅亡と古代日本』）。

これも実際に登ってみたが、まず目についたのは禹金岩《うきんがん》と呼ばれる頂上の巨岩であり、あそこまで登るのかと思うと、気が遠くなりそうであった。こちらは海抜三二九メートルあり、周囲は険しい山岳地帯である。息を切らせて何とか登ると、ここそ州柔城であるとの実感が湧いてきたものである。なお、この位金岩山城は、近年では周留山城《するさん》と称されているようで、韓国国土地理情報院発行の地形図でも、「周留山城」と表記されていた。

ともあれ彼らは平地の避城に遷ったのであるが、翌六六三年二月に百済南部が新羅の攻撃を受けると、ふたたび州柔城に戻った。結局は、ここを最後の根拠地とすることになる。

百済救援第二次派兵と唐・新羅連合軍の集結

天智二年（六六三）三月、中大兄は、第二次の百済救援軍（新羅侵攻軍）を編成した。前軍の将軍に上毛野稚子《かみつけののわかこ》・間人大蓋《はしひとのおおふた》、中軍の将軍に巨勢神前訳語《こせのかんさきのおさ》・三輪根麻呂《みわのねまろ》、後軍の将軍に阿倍引田比羅夫・大宅鎌柄《おおやけのかまつか》を拝し、二万七千人の兵を率いて、新羅を討つために渡海させた（『日本書紀』）。

第一次派兵が五千余人の規模だったのに対し、こちらは本格的な戦闘に対応するための、まさに倭国の全力を傾けた派兵だったことが推測できる。六月には新羅の沙鼻《さび》（現韓国慶尚南道梁山市）・岐奴江《きぬえ》（現韓国慶尚南道宜寧郡）の二城を攻め取っている（『日本書紀』）。

しかし、この軍が旧百済領ではなく、新羅をめざしたことは特筆すべきであろう。倭国の野望の方向がうかがえる。ともあれ、これまでの倭国成立以来の朝鮮半島への派兵が、千人程度の筑紫の軍隊の兵力であったこと（森公章『「白村江」以後』）と比較すると、今回は少なくとも西日本全体に及ぶ、大規模な豪族軍の徴発がおこなわれたのである。

また、倭国は五月に使者を急派して、高句麗に出兵について告げさせた（『日本書紀』）。この出兵が唐・新羅の高句麗侵攻に対応したものであることをうかがわせるものである。

それに対応したものか、劉仁軌はこの五月に兵の増員を本国に請い、唐は山東《さんとう》省と江蘇《こうそ》省の兵七千を出動させ、孫仁師《そんじんし》に率いさせた。この援軍は徳物《とくもつ》島（現韓国仁川広域市甕津郡の徳積島）に到った後、百済軍を破りながら南下して熊津城に入り、士気が大いに上がった（『三国史記』百済本紀・新羅本紀）。この増援軍が海軍を主力としたものであるとの指摘（盧泰敦『古代朝鮮　三国統一戦争史』）は、おそらく正しいものと思われる。やがてこの海軍が、倭国軍を壊滅《かいめつ》に追い込むことになる。

百済の内紛

その頃、百済ではまたもや内紛が生起していた。六月、豊璋王は福信が謀反《むへん》の心を抱いているのではないかと疑い、掌《てのひら》に穴を開け、革ひもで縛りあげた。豊璋は自分では処断できず、諸臣に福信を斬るべきかどうかを問うた。徳執得《とくしゅうとく》という者が、「この悪逆人を放っておいてはなりません」と言うと、福信は執得に唾をはきかけ、「この腐れ狗《いぬ》め」と罵《のの》しった。豊璋は福信を斬らせて、首を醢《すし》（塩漬け）にした（『日本書紀』）。

この福信の「謀反」は、『旧唐書』や『三国史記』では、つぎのように語られている。福信が権勢をほしいままにし、豊璋と互いに疑い合って忌み嫌うようになった。福信は病気だと称して洞穴《どうけつ》に寝ていて、豊璋が見舞いに来れば捕えて殺そうとした。豊璋はこれを見抜き、福信を不意に襲って殺した（『旧唐書』百済伝、『三国史記』百済本紀）。

長年にわたって倭国に滞在し、故国の事情に疎《うと》い文人タイプの豊璋と、優れた軍事指揮官として百済復興運動をまとめあげた実戦タイプの福信とでは、本質的に相容れないところがあり、戦況が悪化するにつれて、両者のあいだに大きな亀裂が生じたということなのであろう（森公章『「白村江」以後』）。

『日本書紀』では、百済王が自らの良将《りょうしょう》を斬ったことを、新羅が八月に知り、すかさず百済に入ってまず州柔城を陥《おと》そうとはかったという記事がつづく。自ら墓穴を掘った百済の愚かな王という文脈で、ここでも白村江敗戦の責任を百済王に転嫁《てんか》しているのである。

なお、全榮來氏は福信の隠れていた窟室《くつしつ》を、『東国輿地勝覧』に記されている洞穴であるとし、それを位金岩山城（周留山城）の禹金岩の下部の洞穴に比定されている（全榮來『百済滅亡と古代日本』）。実際に訪れてみると、洞穴の周辺には布目瓦《ぬのめがわら》が散布しており、いかにも古そうな雰囲気を醸《かも》し出している場であった。

いずれにせよ、福信にとっては豊璋は百済復興の象徴となるべき「冠」であるはずであったし、豊璋にとっては福信はもっとも頼みになる軍事指揮者のはずであった。この内紛によって、百済復興軍はその分裂が露《あら》わになってしまったのである。その軍事的な影響にも増して、精神的な打撃は、はかりしれないものがあったと言わざるを得ない。

そこに「救援」にやって来たのが、統制も作戦もない、単なる豪族軍を寄せ集めただけの倭国の「大軍」だったのである。

唐・新羅連合軍の作戦

この頃、百済攻撃に関する唐軍の軍議が開かれていた。水陸の要衝《ようしょう》である加林《かりん》城（現韓国忠清南道扶余郡林川面の聖興山《せいこうさん》城。錦江を挟んだ泗沘城の対面）をまず攻撃すべきであるという意見に対し、劉仁軌はつぎのように主張して、周留城（州柔城）の攻略を進言した。

「加林城は険しく堅固《けんご》で、急に攻めれば戦士が傷損《しょうそん》する。加林城は固く守れば持久戦となってしまう。周留城は賊（百済・倭国）の巣穴《そうけつ》で、群兇《ぐんきょう》が集まっている。悪の本拠地をのぞき、その源を抜けば、諸城は自ずから降《くだ》るであろう」

これによって、孫仁師・劉仁願と新羅の文武王は陸上から進撃し、劉仁軌および別将の杜爽《とそう》と扶余隆《りゅう》が水軍と兵糧船を率いて、熊津江（錦江）から白江《はくこう》（白村江）に往き、陸軍と合流して周留城を攻撃するという作戦が採択された（『旧唐書』劉仁軌伝）。

なお、扶余隆というのは義慈王の王子で、唐から熊津都督に任じられ、さらに帯方郡公《たいほうぐんこう》に封《ほう》じられた人物である。唐の傘下に入って故国に攻め込んできたことになる。

白村江の位置

これで決戦の場は決した。陸上の周留城と水上の白村江である。周留城（州柔城）の位置については、先に位金岩山城（周留山城）と推定したが、白村江の方はどこに求めればよいのであろうか。じつは白村江については、主なものだけでも錦江河口、東津江《とうしんこう》河口、牙《が》山《さん》湾奥の安城《あんじょう》川河口入江南岸、牙山湾入口南岸と四ヵ所の比定地候補があり（完戸鶉「四つの白村江」）、いまだ決着を見ていない。

一九一三年（大正二）に出された津田左右吉以来の通説では、白村江は錦江の河口とされてきた（津田左右吉「百済戦役地理考」）。現在の韓国忠清南道舒川郡馬西面徳岩里の長項邑

（上）錦江河口
（中）東津江河口
（下）白村江

セマングム干拓地

と全羅北道の群山市を結ぶ辺りである。しかしこれは、百済最後の王城である泗沘城の眼下を流れる錦江の河口が白村江であるとの思い込みから生まれた説であって、確たる根拠があったものではない。

　この問題の決着に重要な手がかりとなるのは、先に挙げた『旧唐書』劉仁軌伝の「熊津江から白江に往き」（原文は「自二熊津江一往二白江一」）という文章である。熊津江が錦江、白江が白村江を指すことは明らかであるから、白村江は錦江の河口を抜け出た、別の川でなければならない。牙山湾近辺では随分と北に離れ過ぎているということで、全榮來氏の説かれた東津江河口（全榮來『百済滅亡と古代日本』）という考えの方が妥当であろう。ここは先に考えた、周留城とも近い位置にある。

　ただ、現地を踏査した印象では、錦江も東津江も、両軍それぞれ数万ずつの大軍を配置できるような大河ではない。また、川の水深も、それほど多数の軍船を浮かべられるようなものでもないように見えた。一方、錦江河口から東津江河口までのあいだは、約二〇キロメートル以上もの範囲に広大な干潟《ひがた》がつづいている。

後に述べるように、戦がおこなわれたのは「海水」のある海の上であったことから、白村江の戦の舞台は、特定の一つの川の河口といった狭い範囲ではなく、錦江河口から東津江河口までのあいだの海上と考えた方がよさそうである。

現在、錦江南岸の群山から東津江南岸の辺山《へんさん》半島まで、夜味《やみ》島・新侍《しんじ》島を経由する約三三・九キロメートルにも及ぶ海上道路（実際はセマングム〈新萬金〉防潮堤）が二〇〇六年に完成しているので、自動車が用意できる方は、是非走破することをお勧めする。その内側こそが白村江の戦の舞台なのである。

なお、この干潟は日韓の環境団体の抗議にもかかわらず、干拓《かんたく》事業がつづいている。ここはかつては野鳥や干潟生物の宝庫として有名であったが、すでに多くの生物が死滅している。当初の計画にあった農地造成や企業団地の分譲はほとんどおこなわれておらず、代わりに世界最大規模（五四〇ホール！）のゴルフ場や、韓国最大級（三三〇メートル）の展望タワー建設など、観光開発が計画されている。しかもそれも、韓国経済の悪化にともなって頓挫《とんざ》しかかっているとのことである。何もない干拓地に取り残された小舟が放置されている風景は、ここがかつて倭国の命運を賭けた決戦の舞台で、数多《あまた》の将兵が命を落とした白村江であることを思うとき、何ともやりきれない思いにとらわれたものである。

百済救援第三次派兵と倭国・百済連合軍の布陣

八月になり、倭国は駿河《するが》の地方豪族である廬原臣《いおはらのおみ》を将軍とする一万余人の第三次派兵をおこなった。第一次派兵五千余人が豊璋の帰還と軍事物資の輸送、第二次派兵二万七千人が新羅を攻撃するためのものであったのに対し、この第三次派兵一万余人は直接百済に向かったもので、当初から旧百済領に駐留する唐軍、あるいは唐本国から新たに派遣されてきた水軍との対決を目的とした出兵であると見られている（森公章『「白村江」以後』）。

かつて斉明六年、外征に進発《しんぱつ》するに際して駿河国に舟を造らせているので、その線から駿河の豪族である廬原臣を将軍として派遣したものであろう。駿河で造られた舟も一緒に曳いてきたものと思われる（斉明六年紀によれば、その舟は伊勢《いせ》国で夜中に理由もなく舳《へ》と艫《とも》が反《そ》りかえってしまったとあるが）。

八月十三日、豊璋は新羅の戦略を知り、将軍たちにこう告げた（『日本書紀』）。

「大日本国の救援軍の将軍廬原君臣が万余の勇士を率いて今にも海を越えてやって来るとのことだ。将軍たちはあらかじめ計略を立てておくがよい。自分は自身で白村まで行き、そこで救援軍を迎えることとする」

白村江という場所が、唐の水軍の進撃路にあたっているという情報を知ってのことか、それとも周留城への倭国軍の上陸地点ということで、そこまで迎えに出ようということなのかはわからないが、周留城に籠もっていた百済の将兵たちにとってみれば、新国王が自分たちを見捨てて倭国軍に保護を求めたように映ったことであろう。その士気の低下は想像に余りある。豊璋の軍事顧問的役割を担っていたであろう秦田来津は、おそらくは豊璋に同行して白村江に向かったものと思われる。半月後の田来津の無念の戦死は、この時の憤りに基づくものとの推測もある（遠山美都男『白村江』）。

ともあれ唐軍と倭国軍がこの白村江をめざすこととなり、ここで海戦がおこなわれることとなったのである。

なお、新羅を攻撃するために渡海した第二次百済救援軍のその後の行動は、史料に見えない。将軍たちも皆、その後は「他に見えず」という状態である。『日本書紀』はすべての登場人物の動静を伝えてくれないので、こういったことはよくあることなのであるが、少なくともこの将軍たちはこの後、『日本書紀』の記事に残るような地位には立っていない。たとえば壬申の乱の記事でいうと、一回のみ登場して「他に見えず」となった人物の多くは、戦死したことが考えられる（倉本一宏『壬申の乱』）。あるいはこの第二次百済救援軍の将軍たち（多くはマエツキミ〈大夫〉層）も、戦死した可能性もじゅうぶんに考えられることなのである。阿倍引田比羅夫の動静も、渡海の後は見えない。

問題なのは、六月の時点で新羅を攻撃していた二万七千人もの第二次百済救援軍が、八月の白村江の戦に間に合ったのかどうかということである。彼らが第三次百済救援軍一万余人と合流して唐・新羅連合軍と戦ったのならば、かなりの大軍同士が白村江で海戦を繰りひろげたのであろうが（『冊府元亀《さつぷげんき》』は「倭敵数万」と記している）、第二次百済救援軍がそのまま新羅の地に釘付けになっていたり、半島を迂回《うかい》して白村江に向かったものの間に合わなかったとすれば、東国《とうごく》の地方豪族の率いる第三次百済救援軍だけで唐の水軍を相手にしなければならないことになり、勝敗は戦う前から明らかであった。

白村江の戦――八月二十七日

八月十七日、唐・新羅連合軍の陸上軍は周留城（州柔城）に到り、これを包囲した。一方、水軍は軍船百七十艘を率いて白村江に戦列を構えた（『日本書紀』）。

倭国の水軍の先頭がようやく白村江に到着したのは、それから十日を経た八月二十七日のことであった。この水軍は、『旧唐書』劉仁軌伝によると「舟四百艘」、『三国史記』新羅本紀・文武王十一年（六七一）に引かれた新羅の文武王が唐の総管に送った答書によると「倭船千隻」とある。

数は唐の船よりも多いのであるが、その大きさや装備は、とても比較できるものではなかったことであろう。『武経総要《ぶけいそうよう》』に描かれた唐の戦艦（蒙衝《もうしょう》・楼舡《ろうこう》・海鶻《かいこつ》など）は、鉄甲《てっこう》で装備された巨大な要塞《ようさい》であるのに対し、倭国の「舟」は文字どおり小型の準構造船（竜骨《りゅうこつ》を持たず、刳船《くりぶね》の両舷《げん》に舷側板《げんそくばん》を組み合わせたもの）だったものと思われる。

多数の小舟が長距離の外洋を進軍するとなると、当然のことながら速度に時間差が生じることになる。この二十七日、長い帯のような倭国の水軍の先頭が、戦列を構えて待ち構えている唐の水軍のただ中に達したのである。『日本書紀』が、

日本の軍船の先着したものと大唐の軍船とが会戦《かいせん》した。日本は敗退し、大唐は戦列を固めて守った。

と記すように、それは勝敗以前の問題であった。まさに先着順に唐軍の餌食《えじき》となってしまったのである。

白村江の戦——八月二十八日

二十七日から二十八日にかけて、倭国の水軍が続々と白村江に到着したものと思われる。普通であれば、前日に敗戦していた場合、その原因を分析して、次の決戦の作戦を練るものであろうが、倭国軍にはそういった形跡が見られない。

これは日本の歴史を通じて見られる特徴なのであるが、要するに対外戦争をほとんどおこなった経験がなく、内戦も大した規模でおこなわなかったために、いざ戦争となっても、ろくな戦略も戦法も考えずに、やみくもに突撃をくりかえす、そのうちに英雄的な人物が現われて戦闘に一気に決着をつける、といった物語のくりかえしなのである。

小規模な内戦をおこなっていたあいだは、これでも何とかなったのであるが、これが世界帝国相手の対外戦争となると、そううまくいくはずはない。

二十八日、倭国軍は唐の水軍と決戦をおこなった。

> 日本の将軍たちと百済の王とは、戦況（「気象」）をよく観察せずに、「我が方が先を争って攻めかかれば、相手はおのずと退却するであろう」と協議し、日本の中軍の兵卒を率い、船隊をよく整えぬまま、進んで陣を固めた大唐の軍に攻めかかった。すると

大唐は左右から船を出してこれを挟撃《きょうげき》し、包囲攻撃した。みるみる官軍は敗れ、多くの者が水に落ちて溺死《できし》し、舟の舳《へさき》をめぐらすこともできなかった。秦田来津は、天を仰いで祈り、歯をくいしばって数十人を殺したが、ついに戦死した。この時、百済の王豊璋は、数人と船に乗り、高麗（高句麗）へ逃げ去った。

これが『日本書紀』の語る白村江の戦である。田来津は大化《たいか》元年（六四五）の古人大兄《ふるひとのおおえ》王子の謀反に荷担《かたん》したものの赦《ゆる》され、将軍にまで昇進したものの、ここに無念の最期《さいご》を遂げることとなった。この時も豊璋は全軍を棄《す》てて逃走している。

一方、『旧唐書』劉仁軌伝（『新唐書《しんとうじょ》』劉仁軌伝、『資治通鑑』、『三国史記』百済本紀もほぼ同文）は、つぎのように記す。

仁軌は白江の入口で倭軍と出会い、四度戦ってみな勝ち、彼らの舟四百艘を焼いた。その煙と焔《ほのお》は天にみなぎり、海の水もみな赤くなった。賊の軍兵は大潰《たいかい》した。余豊は身を抜け出して逃げて行った。

先に挙げた『三国史記』新羅本紀・文武王十一年に引かれた新羅の文武王の答書は、こ

の戦闘を、

倭船千隻は白沙に停泊し、百済の精騎《せいき》は岸の上からその船艦を守っていた。新羅の驍騎《ぎょうき》（疾《はや》い騎兵）は唐の先鋒《せんぽう》となってまず百済の岸にあった敵陣を破ると、周留城は失望してついに降伏した。

と記している。これによると、水軍はもっぱら倭国のものだったことになる。

前日の失敗を反省することなく、船隊を整えないまま、戦列を構えた唐軍に向かって我先にと突撃し、唐軍に左右から挟撃されて包囲されることとなった。倭国の舟は方向転換することもできなかった。「四度戦った」というのは、倭国軍が四回の突撃をおこなったことを指し、この二十八日においてもなお、眼前の失敗に作戦を変更することなく、無益な突撃をくりかえしたことになる。

しかも唐軍は倭国の舟を火攻めにした。水に落ちて溺死する者が多かったというのは、火を避けて重い甲冑《かっちゅう》を着けたまま海に飛び込んだ結果であろう。唐の船艦が船同士で衝突して相手の舟を壊す撞破《どうは》作戦をおこなって倭国の舟を撃破したという推定もある（盧泰敦『古代朝鮮　三国統一戦争史』）。そうすると必然的に倭国兵は海に投げ出されることになり、溺死するという運命が待っている。

いずれにしても、「賊衆大潰」という表現は、かつての好太王碑《こうたいおうひ》の「倭寇潰敗《わこうかいはい》、斬殺《ざんさつ》無数」を思い起こさせて、何とも切なくなってしまう。

倭国の将軍と百済の王が戦況（原文は「気象」）をよく観察せずに突撃したとあるが、この「気象」はもちろん、基本的には相手の陣形《じんけい》を指すものであるとはいえ、火攻めという結果から考えると、天候や風向き、潮流といった意味もあるものと思われる。また、海水の干満《かんまん》の差という考えもある。満潮《まんちょう》の時に白村江に攻め込んだ倭国軍は、干潮《かんちょう》に出くわして干潟の真ん中に釘付けにされて進退きわまり、左右から火攻めにあって海に飛び込んだというのである（全榮來『百済滅亡と古代日本』）。

先にも述べたが、白村江の故地《こち》は広大な干潟である。干拓地に取り残されていた小舟は、あたかも進退きわまった倭国軍の舟のようであった。私は全榮來氏の著書を読んだ後に現地を踏査したものだから、ひときわ深い感慨に身を包まれた。その白村江も、やがて消滅してしまうことになる。

周留城陥落

日本の学界では、白村江の敗戦によって百済が完全に滅亡してしまったかのような論調がほとんどであったが、じつは百済復興軍の主力は周留城（州柔城）に拠っていたのであり、唐・新羅連合軍の目的地もまた、周留城であった。この周留城こそ、最終決戦に相応しい主戦場だったのである。

しかしながら、百済復興軍の指導者であった道琛と鬼室福信を、それぞれ内紛によって失い、新国王となった豊璋も周留城籠城軍《ろうじょうぐん》を離れて倭国軍と合流し、白村江の敗戦によって高句麗に逃走してしまった以上、周留城に残された百済復興軍の命運は、火を見るよりも明らかであった。

白村江の敗戦から十日後の九月七日、周留城もついに陥落した（『日本書紀』。『資治通鑑』では八日）。ひとり遅受信《ちじゅしん》だけが北方の任存城に籠もり、十月二十一日からの新羅軍の攻撃も耐えきった（『三国史記』新羅本紀）。しかし、それもやがて、唐に投降した百済将軍黒歯《こくし》常之《じょうし》の手によって陥落し、ここに「百済の余燼《よじん》は悉《ことごと》く平定された」という状況となった（『旧唐書』劉仁軌伝）。

『日本書紀』には、周留城陥落の際の国人《くにびと》（百済の人びと）の言葉が、つぎのように記されている。「国人」という表記は、この記事が亡命《ぼうめい》百済人の記録を原史料としていることを示している。

「州柔が降伏してはどうしようもない。百済の名も、今日で絶えたのだ。祖先の墳墓《ふんぼ》の地にももう二度と行けまい。このうえは弖礼城《てれさし》（現韓国全羅南道宝城郡鳥城面から得粮面）におもむいて日本の将軍たちと会い、必要な対策をうちあわせるだけだ」

そして彼らは枕服岐城《しんぷくぎ》（現韓国全羅南道康津郡か）に留めてあった妻子を諭《さと》し、国を去る決心をしたのである。

敗因をめぐって

さて、白村江の戦の敗因として、小出しに兵を送るという戦略の欠陥、豪族軍と国造軍の寄せ集めに過ぎないという軍事編成の未熟さ、いたずらに突撃をくりかえすという作戦の愚かさ、そして百済復興軍の内部分裂などが指摘されている。それはたしかに、五世紀から六世紀にかけて、同様の戦略でそれなりの成功を収めてきたという過去の経験に依存し、中国王朝の直接介入という今回の状況をじゅうぶんに考慮していないことからくる認識不足の結果であった（森公章『「白村江」以後』）。

それとともに、かつて五世紀初頭に高句麗に惨敗したという記憶の忘却を挙げたい。相手が強敵であり、これまでと同じやり方で戦争をおこなったのでは敗北するという、当たり前の認識を、無意識的か意識的かはともかく、倭国の指導者は忘れていたのである。自己に都合のいい経験だけを記憶し、都合の悪い経験は忘却するという、人間が誰しも陥りがちな思考回路に、今回もまんまと嵌《は》まってしまったということになる。

白村江の戦の位置づけ

これで百済復興に関わる戦闘は終わった。しかし、盧泰敦氏が指摘されているように、この戦争は、律令体制形成という日本史の展開にとっては一つの画期をつくる契機となったのであるが、白村江の戦自体は、唐にとっては特に大きな意味を持つ戦闘ではなく、新羅にとっても主たる戦場ではなかったのである（盧泰敦『古代朝鮮 三国統一戦争史』）。

私は先ごろ、この本の現地調査のために白村江や周留城、漢城《かんじょう》や北漢山《ほっかんさん》城の故地を踏査したのであるが、その際にお世話になった四人の韓国の歴史研究者がいずれも、「韓国では学校で白村江の戦を教えていない」「大学の史学科に入学した学生でも、古代史の研究をはじめるまでは白村江の戦を知らない」とおっしゃるのを聞いて、かなり驚いたものである。

百済は現代の韓国にとっては滅んでしまった地方政権に過ぎず、その復興のための戦闘などどうでもいいとの由であった。新羅―高麗―李朝こそが朝鮮半島の正統王朝なのであり、滅んだ後の百済などを重要視することはないということなのであろう（数年前に訪れた旧加耶《かや》諸国の故地などは、もっとひどい扱いを受けていて、大加耶《だいかや》の故地である高霊など、泊まるホテルもなくて銭湯の二階に泊めてもらい、ろくな食堂もなかったので屋台で買った総菜を食べた）。

中国にとっても、白村江の戦はそれほど意味のある戦争ではなかった。それは『旧唐書』の本紀《ほんぎ》には記事がなく、わずかに『新唐書』の本紀に「孫仁師が百済に赴き、白江で戦ってこれを敗った」とあるように（倭国は登場しない）、ほとんど本紀に採用されず、劉仁軌の列伝《れつでん》にのみ記録されていることからもわかる。唐にとっては、そもそも主要な戦争相手は高句麗だったのであり、百済は金春秋の要請によって滅ぼしたに過ぎない。白村江の戦というのは、すでに滅ぼした百済の残存勢力に荷担して出兵してきた倭国軍を苦もなく壊滅させたに過ぎないのであって、戦略的にもさほど重要な戦闘ではなかったのである。

白村江の戦の目的

しかし、倭国にとっては、これは大きな意義をもつ戦闘であった。ここで締めくくりに、この戦争に踏み切った際の中大兄と鎌足の思惑について、考えるところをいささか述べてみたい（詳しくは、倉本一宏「白村江の戦をめぐって」）。まさか唐が朝鮮半島南端までを直轄支配すると予測して、倭国が直接的な脅威にさらされるのを防ごうとした、とまでは考えていなかったであろうから、いったいどのような事情があったのであろうか。

白村江の戦の対外的な目的に関しては、以前から言われていることであるが（石母田正『日本の古代国家』）、「東夷の小帝国」、つまり中華帝国から独立し、朝鮮諸国を下位に置き、蕃国《ばんこく》を支配する小帝国を作りたいという願望が、古くから倭国の支配者には存在し、中大兄と鎌足もそれにのっとったのだということなのであろう。

それでは、国内的な目的、対内的な目的というのは、いかなるものだったのであろうか。

第一の可能性として、中大兄が派兵に踏み切った段階というのは、百済の遺臣鬼室福信たちが唐の進駐軍に対して叛乱を起こし、各地で勝利を収めていた時期であった。その時点で百済遺臣は倭国に使者を遣わして、援軍の派兵を要請してきたのである。

その際、使者は絶対に客観的な事実を言うわけはない。自分たちはすでに大勝利を収めていて、あたかももう少しで唐軍を半島から駆逐することができるとでもいうようなことを言ったことは、おそらく間違いあるまい。したがって、中大兄と鎌足は、そのような誇張された情報に乗ってしまったことになろう。実際に、福信たちは緒戦《しょせん》においては勝利がつづいていたわけであるし、使者の情報が誇張を含んだものであると判断したとしても、あながち虚偽の情報でもあるまいと判断し、倭国からの援軍が合流すれば、ほんとうに最終的な勝利を得ることができると考えたとしても、不思議ではない。現在から見れば無謀な戦争だったけれども、当時の情勢としては、本気で勝つ目算もあったという可能性、また実際に勝つ可能性もあった、ということを考えるべきであろう。

第二の可能性として、もしかしたら負けるかもしれない、だけれども朝鮮半島に出兵して、戦争に参加するのだ、と中大兄が考えていた可能性を考えてみたい。当時の兵力や兵器、それに指揮系統の整備レベルから考えて、もしかしたら唐には負けるかもしれない、ということは、明敏な中大兄のこと、心のどこかに予想していた可能性は高かろう。

しかしそれでもなお、負けた場合に、唐が倭国に攻めてくるとは想定せずに、国内はこれによって統一されるであろうということを、中大兄と鎌足は考えたのではあるまいか。中大兄にとっては、中央集権国家を作りたい、だけど支配者層はバラバラである、地方豪族は言うことを聞かない、というような時に、ここで対外戦争を起こしてみたら、国内が統一できるだろう、という思いを持っていたのではないか。

その際、外国でおこなう戦争だったのであるから、敗残兵が大量に帰還してくれば、国内の人びとにも、さすがに大きな損害があったことは察知できたはずである。しかしながら、それだけの情報しかないのであるから、国内向けには、こっちは大きな損害を受けたけれども、向こうにはもっと甚大な損害を与えたのだと言い張っても、誰も見ていないのであるから、わからないのである。

さらに第三の可能性として、たとえ倭国の敗北が国内の誰の目にも自明なほどの敗北を喫したとしても（実際にはそうだったのであるが）、「大唐帝国に対して敢然と立ち向かった偉大な中大兄王子」という図式を、倭国内で主張することは可能である。つまり、中大兄たちの起こした対唐・新羅戦争というのは、勝敗を度外視した、戦争を起こすこと自体が目的だったのであり、それによって倭国内の支配者層を結集させ、中央集権国家の完成を、より効果的におこなうことを期したものであるという側面があった可能性を考えたい。

あるいは、もっと深刻な可能性として、倭国の敗北が国内で周知の事実となってしまった場合でもなお、中大兄は自らの国内改革の好機ととらえていたのではないかと考えている。

あたかもこれから、唐・新羅連合軍が倭国に来襲してくるという危機感を国内に煽《あお》り、戦争で負けた、これから両国が倭国に攻めてくるぞ、それに立ち向かって我らが祖国を守るためには、このままの体制ではいけない、国内の権力を集中して軍事国家を作り、国防に専念しなければいけない、軍国体制を作るためには、これまでとは異なる権力集中が必要である、国内の全権力を自分に与えろ、と主張しようとしていたのではないであろうか。

じつはこのパターンが、もっとも強力な軍事国家を作ることができるのであり、中大兄にとっては、この戦争は、まさに「渡りに舟」のチャンスと認識していたことになる。

最後に一つだけ、とんでもない可能性も提示しておきたい。従来から説かれているところであるが、白村江の戦に参加したのは、倭国の豪族軍と国造に率いられた国造軍の連合体であった（鬼頭清明『白村江』）。中央集権国家の建設をめざしていた中大兄にとって、もっとも深刻な障碍《しょうがい》となっていたのは、まさに自己の既得権益《きとくけんえき》ばかりを主張し、中央政府の命に容易に服そうとしない豪族層だったはずである。中央集権国家の建設というのは、取りも直さず豪族層の伝統的な権益（私地私民）を剥奪《はくだつ》することに他ならないのである。

中大兄と鎌足にしてみれば、乙巳《いっし》の変以来、自分たちの改革に対して障碍となってきていた、そしてつぎなる改革に際しても、邪魔な存在となる可能性の高かった豪族層を、対唐・新羅戦争に投入し、それらの障碍を取り除くことができる（いわゆる「裁兵《さいへい》」である）とでも考えたのではないであろうか。

事実、白村江の戦から九年後に起こっている壬申の乱においては、白村江の戦に参加した豪族の名は、ほとんど見られない。

中大兄たちの思惑通り、白村江の戦における敗北によって豪族の勢力は大幅に削減され、庚午年籍《こうごねんじゃく》の作成をはじめとして、中央権力はかなりの程度、地方にまで浸透していったのである。

以上、さまざまな可能性を考えてみた。これらのうち、どれがもっとも中大兄の思惑に近かったのか、それとも、中大兄自身がいくつかの可能性をシミュレートしていたのか、今となっては知る由もないが、いずれにせよ、白村江の戦は、必ずしも無謀な戦争だったのではないし、勝敗をまったく度外視していたわけでもないことは、明らかであると思う。

なおかつ、負けてもかまわない、戦争を起こすこと自体が目的だった、という側面を強調したい。しかもそれは、対外的な目的よりも、国内的な要因によって起こしたということを指摘しておきたい。

それは戦争という国家の権力発動の持つ、非情にして明晰《めいせき》な論理の発現だったのである。あれほどの大敗北だったからこそ、それが先鋭に浮かび上がったということなのであろう。そしてこの敗戦以降、倭国は新たな段階の政治制度の整備に向かうことになる。

なお、新羅にとっては、三国統一戦争がもつ意義は、「事大交隣《じだいこうりん》」（小国が大国に事《つか》え、隣国とは対等に交わること）という朝鮮半島王朝の対外政策の基本的枠組を形成することに、このうえなく大きな影響を与えたという点である（盧泰敦『古代朝鮮　三国統一戦争史』）。実際にはそれは、対好太王《こうたいおう》戦争の時以来の、朝鮮半島諸国の持つ歴史的傾向なのであるが。

5 「戦後」処理と律令国家の成立

百済人の亡命

九月七日に国を去る決心をした百済《ひやくさい》の人びとは、十一日に牟弖《むて》(現韓国全羅南道羅州市)を出発し、十三日に半島南岸の弖礼《てれ》に到った。二十四日にも倭《わ》国の軍船と、百済の最高位である佐平《さへい》の余自信《よじしん》、および百済の将軍であったと思われる木素貴子《もくそきし》・谷那晋首《こくなしんす》・憶礼福留《おくらいふくる》、それに国民たちが弖礼城に到着した。ここでも「国民」と記されているのは、先の「国人《くにびと》」と同様、この記事が亡命《ぼうめい》百済人の記録を原史料としているからであろう(しかも十三日に弖礼に到った人びととは異なる人である)。翌二十五日、「船を発して、はじめて日本に向かった」とある(『日本書紀』)。彼らにとっては、永遠に帰ることのない亡命の日々がはじまったのである。

その後も『日本書紀』に記録されているだけで、天智《てんじ》四年(六六五)に「百姓《ひやくせい》男女四百余人」、天智五年(六六六)に「百済男女二千余人」、天智八年(六六九)に「男女七百余人」などと、百済から亡命した人びとが見える(『日本書紀』)。当時の倭国の人口からすれ

石塔寺三重石塔

ば、これはとんでもない数の難民ということになる。彼らは近江《おうみ》や東国《とうごく》に配され、農地の開発にあたった（胡口靖夫『近江朝と渡来人』）。

また、王族はさらに矮小化《わいしょうか》された中華思想の証しとして、倭国で優遇された。天智三年（六六四）三月、善光《ぜんこう》王らを難波《なにわ》に住まわせている。善光王というのは義慈《ぎじ》王の王子で（『続日本紀』）、余豊璋《ほうしょう》の弟にあたる。倭国に留まっていた王族は、やがて百済王《くだらのこにきし》という姓を賜わり、摂津《せっつ》国百済《くだら》郡（現大阪市天王寺区から生野区）、ついで河内《かわち》国交野《かたの》郡（現大阪府枚方市）に集住して、それなりに高い地位を保つ（筧敏生「百済王姓の成立と日本古代帝国」）。枚方市には、彼らの建立した百済寺《くだらじ》や百済王《くだらおう》神社が残る。禁野《きんや》本町《ほんまち》遺跡からは五十棟の邸宅跡や碁盤目状の道路跡が検出されている。

貴族たちも、天智十年（六七一）に木素貴子・谷那晋首・憶礼福留が、「兵法に閑《なら》へり（詳しい）」ということで大友《おおとも》王子を首班とする政権に組み込まれた。他にも法官《ほうかん》・学職《がくしき》・

薬学・五経《ごきょう》・陰陽《おんよう》に詳しいとされた百済貴族が高い地位に就いたが、それが倭国豪族層の反感を生み、天智に対する批判や不満につながったのは、皮肉なことであった。また、翌年に起こった壬申《じんしん》の乱でも、兵法に詳しいはずの元将軍たちは、何の役にも立っていない。

また、「学職頭」に拝された鬼《き》室集斯《しつしゅうし》はあの鬼室福信の子とされ、「薬に詳しい」とある鬼室集信《しゅうしん》も、その親族であろう。彼らは近江国神前郡《かんざきぐん》（後の神崎郡。現滋賀県彦根市から東近江市）から蒲生郡《がもうぐん》（現滋賀県竜王町・日野町・近江八幡市から東近江市）に定住した。石塔寺《いしどうじ》（現東近江市）に残る朝鮮式三重石塔（伝阿育王塔《あしょかおうとう》）はその遺跡である。

なお、「法官大輔」に拝されたとある沙宅紹明《さたくじょうみょう》は天武《てんむ》二年（六七三）に死去しているが、そこでは「聡明で知識に富み、人びとから秀才とたたえられた。天皇は驚かれ、とくに外《げ》小紫《しょうし》の位をお贈りになり、その上、本国（百済）の大佐平《だいさへい》の位を賜わった」とある。倭国の天皇が、すでに滅びた百済の官位を下賜《かし》するのも、如何なものかと思うが、彼が天智・天武の双方から重んじられていたことをうかがわせる。

倭国軍敗残兵の帰還

一方、かろうじて生き残った兵士も、続々と倭国に帰還したことであろう。九世紀初頭に成立した最古の仏教説話集である『日本霊異記《にほんりょういき》』の上巻第七「亀の命を贖《あがな》ひて放生《ほうじょう》し、現報《げんぽう》を得て亀に助けらるる縁」では、「備後国三谷郡《びんごみたに》（現広島県三次市）の大領《たいりょう》の先祖が、百済を救うために派遣軍の一員として出征した」ところから説話がはじまるが、彼は「もし無事に帰還することができたら、諸神諸仏のために伽藍《がらん》を造立しよう」と誓いを立て、ついに災難を免れた。そこで百済の弘済禅師《ぐさいぜんじ》を招請《しょうせい》して、一緒に還って来て、三谷寺《みたにでら》を造った、とある。

斉明《さいめい》七年（六六一）に徴兵された吉備《きび》の地方豪族の一人なのであろう。彼は伽藍造立の誓いを立てたことによって無事に帰還できたとされるが、帰還できなかった者がほとんどであったであろうから、このような説話が成立するのである。なお、三次市に寺町廃寺《てらまちはいじ》という白鳳《はくほう》時代の巨大伽藍の跡が残っているが、これが三谷寺であるとされている。

捕虜の帰還

しかし、さらに苛烈《かれつ》な運命が待っていたのは、唐《とう》や新羅《しんら》軍の捕虜《ほりょ》となってしまった兵士たちである。無事に帰還できた希有《けう》な例のみ、日本側の史料に記録されているが、異国で命を終えた者も、膨大な数にのぼったことであろう。

これも『日本霊異記』の上巻第十七「兵災《へいさい》に遭ひて、観音菩薩《かんのんぼさつ》の像を信敬《しんきょう》しまつり、現報を得し縁」という説話が残る。伊予国越知郡《いよ おち》の大領の先祖である越智直《おち》が、百済を救うために派遣され、各地を転戦しているうちに、唐兵に追いつめられて捕虜になり、唐国に連れて行かれた。捕虜となった日本人八人は一つの島に住んだが、協力して観音菩薩の像を得て、信敬していた。八人は心を一つにして秘かに松の木を伐《き》って一隻の舟を作り、観音像を舟の上に安置し、各々誓願《せいがん》を立てた。すると西風にのって一直線に筑紫《つくし》に到着した。天皇は殊勝に思い、望むところを申させたところ、越智直は郡を立てて寺を造り、観音像を安置したいと申し出て、許された、とある。

この寺の遺構は不明であるが、現愛媛県今治市の本堂寺廃寺《ほんどうじはいじ》がもっとも可能性が高いとされている（三舟隆之『『日本霊異記』上巻一七縁の『建郡造寺』について」）。

白村江《はくそんこう》の戦から二十一年を経た天武十三年（六八四）十二月、唐に捕えられていた猪使子首《いつかいのこびと》と筑紫三宅得許《つくしのみやけのとくこ》が新羅を経由して筑紫に帰還した。ともに筑紫の地方豪族だったのであろうが、この二人の配下の兵士たちはどうなったのであろうか。

有名なのは、さらに六年後の持統《じとう》四年（六九〇）九月に帰還した筑紫国上陽咩郡《かみつやめ》（後の筑《ちく》後《ご》国上妻《かみつま》郡。現福岡県八女市など）の軍丁《いくさよぼろ》である大伴部博麻《おおともべのはかま》である（紀元二六〇〇年記念式典だかで、首相の近衛文麿《このえふみまろ》がこの話をラジオでしたそうである）。十月になって、紀伊行幸《きいぎょうこう》から戻った持統は、博麻につぎのような詔《しょう》を下した。

「天豊財重日足姫《あめとよたからいかしひたらしひめ》（斉明）天皇七年（六六〇）の百済救援の戦役で、おまえは唐軍に捕虜にされた。その後、天命開別《あめみことひらかすわけ》（天智）天皇の（即位）三年（六七〇）に至って、土《は》師《じ》連富杼《ほど》・氷《ひ》連老《おゆ》・筑紫君薩夜麻《さちやま》・弓削《ゆげ》連元宝《がんほう》の子の四人が、唐人の計略を通報しようとしたが、衣食がなく、日本に到達することが危ぶまれた。その時、おまえは土師富杼らに、『私もあなたがたと一緒に本国に帰りたいが、衣食がなく、とても行けない。どうかこの私の身を売って、あなたがたの衣食の費用にしてください』と言い、富杼たちは博麻のはかりごとどおり、日本に帰ることができた。おまえはそれからたった一人で、三十年もの間、他国に留まった。自分（持統）はおまえが朝廷を尊び、国を愛し、おのれの身を売って忠誠を示したことをたいへん嬉しく思います。それゆえ、務大肆《むだいし》（従七位下に相応）の位と、絁《あしぎぬ》五匹・綿一十屯・布三十端・稲一千束・水田四町とをおまえに賜うこととします。水田は曾孫の代まで伝えるように。また三族の課役《かえき》を免じ、その功績を人びとに示そうと思います」

自分の身を売って唐の計略（『三国史記《さんごくしき》』新羅本紀に、六六八年のこととして、「国家〈唐〉は船舶《せんぱく》を修理し、外には倭国を征伐すると見せかけ、じつは新羅を討とうとしている」と見える倭国侵攻計画か）

を通報させたなど、いかにも大政翼賛会《たいせいよくさんかい》が喜びそうな美談であるが、倭国に先に帰還することのできた四人のなかに筑紫君薩夜麻が含まれていることに注目すれば、話はそれほど単純ではない。

筑紫君というのは姓から考えて、継体《けいたい》二十一年（五二七？）に倭王権に対抗した筑紫君磐井《いわい》の系譜を引く有力豪族であり（さらに遡れば邪馬台国《やまと》を戴《いただ》く倭国連合の後継者かもしれない）、磐井の墓が筑後国上妻郡の岩戸山《いわとやま》古墳であることから、薩夜麻も上妻郡を本拠とする筑紫国造《こくぞう》であった可能性が高い（森公章『「白村江」以後』）。身を売った博麻が同じ地域の軍丁《ぐんてい》（兵士）であり、彼が部《べ》姓を持つことから、もともと筑紫君の支配下にいた者で、両者のあいだには人格的な支配隷属関係があったという推定（鬼頭清明『白村江』）も、じゅうぶんに考えられるのである。

さらに六年後の持統十年（六九六）四月、伊予国風速郡《かざはや》（現愛媛県松山市の北部）の物部薬《もののべのくすり》と肥後国《ひご》皮石郡《かわし》（現熊本県菊池郡の南部）の壬生諸石《みぶのもろし》に、追大弐《ついだいに》（正八位下に相応）の位と絁四匹・糸十絇《く》・布二十端・鍬二十口・稲一千束・水田四町を賜い、戸の調役《ちょうえき》を免除するという決定が下った。久しく唐の地にあって苦しんだことをねぎらってのものである。これも伊予と筑紫における徴兵で徴発されたのであろうが、二人ともカバネを持っていないことから、庶人であろうと思われ、兵士として捕虜になったものであろう。

それから何と十一年後、白村江の戦からは四十四年も経た慶雲《けいうん》四年（七〇七）五月、讃岐《さぬき》国那賀《なか》郡（現香川県丸亀市から善通寺市）の錦部刀良《にしこりのとら》、陸奥国信太《しだ》郡（現宮城県大崎市）の生王《みぶ》（壬生）五百足《いおたり》、筑後国山門《やまと》郡（現福岡県柳川市とみやま市）の許勢部形見《こせべのかたみ》に、各々衣一襲《かさね》と塩・穀を賜わっている。「初め百済を救った時、官軍は利がなく、刀良たちは唐の兵の捕虜となって、没して官戸《かんこ》とされ、四十余年を経て免《ゆる》された。刀良は日本の（第七次）遣唐《けんとう》使粟田真人《あわたのまひと》に遇って、随って帰朝《きちょう》した。その勤苦《きんく》を憐《あわ》れんで、この賜物《しぶつ》が有る」ということである（『続日本紀』）。これも軍丁だったのであろうが、二十歳代で従軍したとしても、もはや七十歳代。異国の地の土になった仲間も多かったことであろう。なお、陸奥の兵士が含まれているのは、陸奥の地で徴兵をおこなったのではなく、何らかの事情で大倭《やまと》か筑紫に来ていたものであろう。そしてこれ以降、捕虜の帰還の史料はなくなる。

「戦後」の国際情勢

さて、中大兄《なかのおおえ》王子や中臣鎌足《なかとみのかまたり》など、倭国の指導者には、つぎなる課題が降りかかってきていた。倭国の防衛体制の整備、そして主眼であった中央集権国家の建設である。注意しなければならないのは、この時期の国際関係を、単なる白村江の戦後の敗戦処理と捉えてしまうという傾向である。歴史学研究においてもっとも警戒しなければならないのは、後年の結果を自明なものとして考え、その結果の枠組みのなかで当時の人間が思考・行動していたと誤解してしまうことである。

結果的に唐や新羅が倭国に侵攻してこなかったからといって、当時の人間も唐・新羅には倭国に攻め込む余裕がなかったと認識していたと考えることはできない。六六三年八月二十八日以降の日々は、彼らにとっては「戦後」だったのではなく、いつ果てるとも知れない「戦中」だったのである。特に、近代以降の戦争とは異なり、古代においては、戦争の開始と終結が明確ではない。

あのままの情勢がつづいたら、唐は無礼《ぶらい》な蕃国《ばんこく》を攻めるために、倭国に出兵してくる可能性が高かったのであるし、実際、船舶を修理して倭国侵攻の準備をおこなっていたという史料も存在する（『三国史記』新羅本紀）。要するに、天智朝から天武朝前半にかけての時期は、決して戦後などではなくて、戦中、しかもいつ終わるかもわからない戦中であって、異様な緊張が高まっていたものと考えるべきであろう。

早くも天智三年五月、百済鎮将《ちんしょう》の劉仁願《りゅうじんがん》が郭務悰《かくむそう》を筑紫に遣わし、文書《もんじょ》をもたらした。何らかの要求を倭国におこなったのであろう。この時は、唐の皇帝《こうてい》が遣わした使者ではないということで使者を帰国させたが（『善隣国宝記《ぜんりんこくほうき》』所引「海外国記《かいがいこくき》」）、中大兄たちも緊迫する北東アジア情勢を実感したことであろう。唐・新羅連合軍の高句麗《こうくり》征討は、六六六年に再開される。

倭国防衛体制

天智三年（六六四）、対馬島《つしま》・壱岐島《いき》・筑紫国に防人《さきもり》と烽《とぶひ》を置き、また筑紫に大きな堤を築いて水を貯え、水城《みずき》と名づけた（『日本書紀』）。

翌天智四年（六六五）八月には、答㶱春初《とうほんしゅんそ》を長門《ながと》に遣わして城を築かせ、憶礼福留と四比福夫《しふくぶ》を筑紫に遣わして、大野《おおの》・椽《き》の二城を築かせている（『日本書紀』）。いずれも亡命百済人である。大野城（現福岡県大野城市・太宰府市・宇美町）は大宰府《だざいふ》の背後、椽（基肄《きい》）城（現福岡県筑紫野市から佐賀県三養基郡基山町）は南部の山中に築かれた古代山城《さんじょう》で、水城および小水城《しょうみずき》、また最近発見された大宰府南東の大規模な土塁（前畑《まえはた》遺跡。現筑紫野市筑紫）と合わせて、大宰府を包囲する羅城《らじょう》による防衛体制を構築するものである。

九月には唐本国から劉徳高《とくこう》ら二百五十四人が遣わされ、守大石《もりのおおいわ》をはじめとする第五次遣唐使に送られて帰国している（『日本書紀』）。なお、この遣唐使の派遣は、六六六年正月に泰山《たいざん》（現中国山東省泰安市）でおこなわれる封禅《ほうぜん》の儀への参列を目的としたものとの指摘もある。大石がかつての百済救援軍の将軍であったことは、偶然ではあるまい。

さらに天智六年（六六七）三月には、都を近江大津宮《おおつ》（現大津市錦織）に遷《うつ》した。「いかさまに思ほしめせか（どのようにお考えになったものか）」と称された（『万葉集』）畿外《きがい》（トックニ＝外国《げこく》）への遷都《せんと》であったが、万一、唐・新羅連合軍が倭国に侵攻してきた場合に備えてのものであったことは間違いのないところである（大津から琵琶《びわ》湖を北上して北陸《ほくりく》にでも逃避するつもりだったのであろう）。

（上）水城
（中）大野城
（下）大津宮故地

十一月にも劉仁願の使者が筑紫に到ったが、この月には大倭の高安城《たかやす》（現奈良県生駒郡平群町から大阪府八尾市）・讃岐の屋島城《やしま》（現香川県高松市屋島）・対馬の金田城《かなた》（現長崎県対馬市美津島町）を築いている（『日本書紀』）。いずれも北部九州から瀬戸内海両岸を通って、大倭へと通じるルート上である。

その他、肥後《ひご》の鞠智城《きくち》（現熊本県山鹿市から菊池市）や、九州地方から瀬戸内地方の各地に残る神籠石《こうごいし》（すべてが山城なのか、また築造時期がこの頃なのか、疑問の余地も残るのではあるが）のなかにも、この時期の山城が含まれているものと思われる。

天智の国制改革

一方、天智七年正月に正式に即位した天智にとっては、すでに織り込み済みの筋書きだったことと思われるが、唐・新羅連合軍が、今にも倭国に攻め寄せるかのように国内に宣伝して危機感を煽《あお》り、国内改革を推進して、甲子《かっし》の宣による支配者層の再編成と、天智九年（六七〇）に造られた庚午年籍《こうごねんじゃく》に代表されるような地方支配の徹底をめざした。特に戸《こ》籍《せき》を造るということは、在地における地方豪族の権力に対する中央権力の介入につながり、その反発を招いたであろうことは確実である。これが壬申の乱における地方豪族層の行動基軸につながっていくという意見もある（義江彰夫「『旧約聖書のフォークロア』と歴史学」）。

倭国の中央・地方の支配者層は、天智の作戦に見事に乗せられ、いつ果てるとも知れない戦時態勢のなか、自己の伝統的な権益を放棄し、天智に協力して、中央集権的な国家体制建設への道を歩みはじめたのである。

(上) 対馬・金田城
(中) 鞠智城跡
(下) 高良山神籠石

新羅との関係修復

そのようななか、天智七年（六六八）九月に高句麗が滅亡した。新羅は高句麗征討に唐の先鋒《せんぽう》として戦って、ようやくこれを滅ぼし、唐からの恩賞（少なくとも旧百済領の併合を望んだであろう）を期待したであろうが、唐側は逆に、対百済戦に際して新羅軍が集結時期に遅れたこと、対高句麗戦に際して何の功績もなかったことを責め、かえって新羅領をも羈《き》縻《び》体制（国王を都督《ととく》などに任じ、もともと有していた統治権を中国の地方官吏であるという名目で行使させたもの）下に置こうとしたのである。

その同じ天智七年九月に、十二年ぶりに新羅から倭国へ使節がやってきた（『日本書紀』）。新羅としては、唐と険悪な関係となっているこの時期、背後の倭国と友好関係を結ぶことは、国際戦略上、不可欠であったにちがいない。倭国としても、唐の脅威を少しでも和らげるため、新羅との提携は願ってもないことであったであろう。鎌足から新羅の功《こう》臣金庾信《しんゆしん》へ、天智から文武《ぶんぶ》王へ、それぞれ船が贈られていることは、当時の倭国が新羅との友好関係を築こうとしていたことを示している。特に、天智から文武王に贈られた船が「御調《みつき》輸《たてまつ》る船」とされていることに注目したい。新羅は天智八年（六六九）九月にも、「調」を進上してきている（『日本書紀』）。

この間、天智八年には第六次遣唐使を派遣し、六七〇年には唐朝に到って、かつての同盟国であった高句麗平定を賀すなど、天智と鎌足は苦しい立場の両面外交を模索することになる（『日本書紀』）。なお、これ以降、大宝《たいほう》二年（七〇二）まで遣唐使の派遣はおこなわれなくなる。

一方、六七〇年という年は、四月に高句麗遺臣《いしん》が唐に対して叛乱《はんらん》を起こし、七月には新羅が高句麗の叛乱に呼応して旧百済領に侵攻、八月には新羅が小高句麗《しょうこうくり》国を建てるなど、半島情勢はにわかに緊迫の度を増してきている。新羅側に、倭国に対する軍事的支援の要請、あるいは少なくとも対唐戦争への支持を求めるという意図が存したと考えるのは、ごく自然なことであろう。

なお、天智八年十月、天智（そして大海人《おおしあま》王子も）を支えつづけ、白村江の戦以降の外交方針として唐・新羅への両面友好外交を主導したと思われる鎌足が死去している。

新羅・唐からの使者

新羅との本格的な戦争の開始を控えていた天智十年（六七一）正月、唐の百済鎮将劉仁願が、李守真《りしゅしん》を倭国に遣わした（『日本書紀』）。この使節は、唐の百済鎮将ないし都督府《ととくふ》の使が、百済残民勢力のなかから派遣された百済使と提携して来朝したものであり、対新羅戦における不利に際して、倭国に対して軍事的援助（直接的な対新羅出兵、もしくは間接的な新羅牽制《けんせい》のいずれか）を求めてきたのであろう（鬼頭清明「壬申の乱と国際的契機」）。

そしてそれに対する天智の回答が、天智十年六月に宣せられた。この時期、倭国が唐の要求を敢然と拒絶することができたとは考えられない。また、大唐帝国と新羅が戦争をすれば、唐の勝利を予測するのが当時としては常識であったであろうし、唐の勝利がかつての対唐敗戦国である倭国にいかなる影響を及ぼすかを予想することは、天智にとっては尋常ならざる戦慄《せんりつ》を覚えさせたにちがいない。

おそらくは大友王子主導の天智政権は、うやむやな返答を唐使に与えたのであろう。すなわち、対新羅出兵という要求自体は受け容れるが、今すぐに兵を集めることは不可能である、しばらくの時間的猶予《ゆうよ》が欲しい、もっとも、唐側から倭国が今すぐにでも兵を集めるに足るだけの充分な条件を示してでもくれれば話は別であるが、とでもいったところか。

この「宣」を受け取った李守真一行は、この倭国側の回答を携えて、急ぎ帰国した。切迫する半島情勢は、一刻も早い唐からの倭国への新たな条件提示を必要としたであろう。

李守真が熊津《ゆうしん》都督府に帰還してから日を置かず、天智十年十一月、早くも二千人を引き連れた唐使郭務悰が倭国に送り込まれた（『日本書紀』）。もっとも、李守真が倭国に派遣されているあいだに、旧百済領の大半は新羅に占領されて所夫里《そふり》州が設置され、熊津都督府の没落は明らかとなっていた。

また倭国側も、親唐・新羅両面外交を主導した鎌足に加えて、明らかに新羅寄り路線を志向していた大海人も十月十七日に出家していてすでに政権にはなく、さらには天智も九月（あるいは八月）以降、病に倒れ、大海人の出家以後は政局に姿を見せていない。近江朝廷は、今や大友とその周囲の五大官、そしてブレインの亡命百済人のみによって運営されていたのである。彼らが急速に親唐外交路線へと傾斜していったと見る考えは、正鵠《せいこく》を射ているものと言えよう。

この唐使は、白村江の戦以来留めていた倭国の捕虜千四百人を倭国に送ったものと考えられる（直木孝次郎「近江朝末年における日唐関係」、松田好弘「天智朝の外交について」）。そして倭国側にすでに出兵準備ができていた場合には、捕虜の返還を申し出、その交換条件としてそれらを乗せてきた船に倭国軍を乗せ、新羅の背後を衝こうとしたのであろう。また倭国側がいまだ充分な兵力を徴していない場合には、代わりに武器と軍事物資の供与を申し出、それを捕虜に持たせて唐軍に組み入れ、やはり新羅の背後を衝こうとしたものと思われる。

近江朝廷としては、武器と軍事物資を供与して捕虜を返還してもらい、郭務悰に帰国してもらったのであるが、すでに捕虜の返還を受けた以上、急ぎ唐に兵を供出する必要を感じ、徴兵を急いだことであろう。ただし、西国《さいごく》は百済救援のための徴兵によって疲弊しており、今回の徴兵は美濃《みの》や尾張《おわり》をはじめとする東国を中心としたものとならざるを得なかったはずである。

まさか吉野《よしの》に隠遁《いんとん》している大海人が挙兵してその東国の兵を接収し、近江朝廷を倒すなどとは考えていなかった親唐派の大友としては、ここで唐に協力して新羅を倒せば、半島における倭国の優位を取り戻すことができ、「任那《みまな》復興」などという、忘れかけていた欽《きん》明《めい》以来の悲願を、一挙に現実のものとすることができるとでも考えたのであろう。

唐側としては、近江朝廷の言い分を容れて帰国し、三たび来朝するつもりであったであろうが、郭務悰帰国直後にたまたま起こった壬申の乱と、その後の天武親新羅政権の成立によってそれは実現せず、その間に新羅に対して決定的な敗戦を蒙《こうむ》ってしまい、半島から撤退したというのが実情であろう（以上、倉本一宏「天智朝末年の国際関係と壬申の乱」）。

白村江の戦と壬申の乱

その頃、豪族が壊滅《かいめつ》的な打撃を蒙っており、兵士として徴発できる健康な成年男子も少なく、また山城の造営に忙殺されていた西国とは異なり、東国では、豪族も農民も比較的無傷で残っているという状況であった。なおかつ、大友は郭務悰に対して、白村江の捕虜の返還と引き替えに、大量の武器と物資を与えてしまった。ということは、西国においては武器も不足していたのである。

一方、東国では徴兵が進み、各国の拠点となる地域に国宰《こくさい》に率いられた兵士が集結した、という時点で、壬申の乱は起こっているのである。もちろん、そのタイミングを狙って、大海人と鸕野《うの》王女（後の持統）は吉野を進発したはずである（倉本一宏『壬申の乱』）。

兵士や武器、兵糧に加えて、個々の小さい部隊を動かすような部隊長といった人たちも、じつは近江朝廷軍の方は、人材不足であった。それは兵士を率いてきた地方豪族が、あまりいなかったからであったと考えられる。もちろん、彼らの多くが白村江の戦で戦死してしまっていたからである。たった九年しか経っていないのに、白村江の戦と壬申の乱の両方に登場する人はほとんどいない。白村江の戦に参加した人たちは、壬申の乱に参加することはできなかったのである。

彼らは、そのほとんどが、西国の地方豪族であった。大海人が迅速《じんそく》に近江朝廷と東国を遮断したことによって、大友は西国を頼りにせざるを得なくなった。兵力、武器に加えて、実戦の指導者にも事欠き、彼らは大海人軍を迎え撃たなければならなかったのである。

もう一つ、白村江の戦の捕虜が筑紫にいるという問題を考えてみよう。解放された千四百人の捕虜は、壬申年（六七二）六月の段階では、筑紫に留まっていたはずである。九死に一生を得て白村江の戦で生き延び、やっとのことで倭国に帰還した地方豪族と兵士は、すぐに故郷に帰ることはできずに、筑紫に留まっていた。戦闘経験者である彼らは、武器さえ持たせれば、ふたたび対新羅戦用の兵士となるはずであった。

大海人が彼らに着目した形跡はうかがえないが、大友の方が彼らに目をつけたことをうかがわせる記事は存在する。大海人と鸕野が吉野を脱出したという知らせを得た大友は、六月二十六日の記事のなかで、飛鳥宮《あすか》・東国・吉備・筑紫に興兵使《こうへいし》を発遣《はっけん》しているのである。大海人を追撃しようとした大友が、真っ先に目をつけたのが、筑紫に留まっている白村江の戦の捕虜であったという発想は、じゅうぶんにあり得たはずである。

大友の徴兵要求を受けた筑紫大宰栗隈王《だざいくるくま》が、対外情勢の緊迫を理由に要求を拒絶しているという筋立ても、いまだ戦時態勢が継続しているという歴史事情によく適合している。

さらにもう一つ、七月二十二日の瀬田川《せた》における最終決戦に敗れた大友は、山科《やましな》を抜けて宇治《うじ》川沿いに退路を取った。もしかすると大友は、筑紫をめざしていたのではないだろうか。大友が最後に頼りにしたのは、あの筑紫に留まっている白村江の捕虜だったのではあるまいか。それらと合流して、もう一度、瀬戸内海を攻め上り、畿内《きない》を制覇《せいは》した大海人と鸕野に戦いを挑めば、戦況を打開できると考えたのかもしれない。

しかしながら、その程度のことは、大海人軍には容易に見通すことができていた。すでに七月二十二日、ということは、瀬田川の決戦のまさに当日、三輪高市麻呂《みわのたけちまろ》と鴨蝦夷《かものえみし》は山前《やまさき》の河の南（瀬田川・鴨《かも》川・桂《かつら》川の合流点）において、大伴吹負《おおとものふけい》は淀《よど》川の下流の難波小郡《なにわのおごおり》において、それぞれ捕捉線《ほそくせん》を敷き、大友の逃れてくるのを待ち構えていたのである。彼らにとっても、大友が最後にめざすのが、筑紫に留まっていた大量の捕虜であったことは、自明のことだったことになる。結局、大友は二十三日に山前（京都府乙訓郡大山崎町大山崎）で最期を迎えた。

大友にしてみれば、天智の大王位継承構想の破綻《はたん》によって壬申の乱が起こり、対新羅戦のために徴発した兵を大海人に接収されたことによって敗北を喫し、天智（中大兄）の起こした戦争の捕虜を頼りにしたものの、それを果たせずに終わってしまったことになる。

律令国家の成立

大海人は六七三年に飛鳥宮で即位した（天武）。それまで「大王《おおきみ》」とされていた君主号に代わるものとして、「天皇」号を称したのも、天武であった。中国の「皇帝」と対置し、新羅の「国王」を従える、「東夷の小帝国」の君主として、自らを位置づけたのである。

「政の要は軍事なり」と詔した天武にとっては、畿内を武装化した軍国体制の下、強大な皇権を利用して、国家という機構的な権力体を組織し、皇族や諸豪族をそのなかに再編成することが、最大の目標となった。

中大兄王子以来の懸案であった公地《こうち》公民《こうみん》、つまり諸豪族の私有地と私有民を国家に収公《しゅうこう》するという事業も、天武の代になって一挙に実現した。所詮は都において暗殺と陰謀しかおこなってこなかった中大兄とは異なり、わずか数日で数万人の兵を動員し（じつはもともと用意してあったのだが）、畿内・東海地方を舞台とした戦乱において、一気に近江朝廷を壊滅させた天武というのは、諸豪族にとっては現実的な恐怖の対象だったのである。

天武もまた、北東アジア世界における戦争状態の危機を宣伝し、自己のカリスマを血縁的に賦与した皇親《こうしん》を各地に派遣することによって、律令《りつりょう》国家体制を建設しようとした（倉本一宏「律令制成立期の『皇親政治』」）。唐と新羅の戦争が継続しているこの時期、これは特に地方豪族にとっては強い説得力を持ったはずである。

天武十年（六八一）には律令の制定に着手し、国史《こくし》の編纂《へんさん》が開始された。我が国初の条《じょう》坊《ぼう》制を持った都城《とじょう》である藤原《ふじわら》京の建設にも着手していたが、律令制定・国史編纂・都城建設という諸事業の完成を見ぬまま、天武は朱鳥《しゅちょう》元年（六八六）に死去した。

後を継いだ皇后の鸕野（持統天皇）は、持統三年（六八九）に飛鳥浄御原令《あすかきよみはらりょう》を施行し、持統八年（六九四）に藤原京に遷都した。持統は持統十一年（六九七）に天皇位を孫の珂瑠《かる》（軽）王に譲ったが（文武《もんむ》天皇）、その後も太上《だいじょう》天皇として政治の実権を握った。

天皇制と官僚制を軸とする中央集権的律令国家体制の建設は、ようやく完成へと近づいたのであるが、それはきわめて軍事色の濃い性格の国家となった。律令国家の建設が北東アジアの国際情勢という外的要因によって推進されたことを、如実に物語るものである。

じつはこの時期、すでに唐と新羅の戦争は終結し、北東アジアは平和を迎えていた。厩戸《うまやと》や中大兄や天武が権力集中をめざした時期は、北東アジア世界全体が戦争状態にあったのであり、それに対応する軍国体制の建設も、それなりに説得力を持ち得たのであるが、実際に律令国家ができあがった時期には、すでに直接的な戦争の危機は去っていた。

この国際情勢の変化に対応した新しい種類の国家の建設をめざすことなく、あいかわらず軍国体制用の律令国家を建設してしまったということは、まことに残念でならない。律令公民に課せられた苛烈な租税《そぜい》や兵役を考えるとき、もう少し現実的でマシな古代国家はできなかったものかと、今更ながら悔やまれるのである。

第四章　藤原仲麻呂の新羅出兵計画　八世紀

1 「新羅の調」と律令国家

「新羅の調」

律令国家《りつりょう》を整備していた天武天皇《てんむ》と持統天皇《じとう》の時代から文武天皇《もんむ》の初年にかけては、唐《とう》との国交が見られず、新羅《しんら》を通しての国制整備がおこなわれていた。

この間、天武の時代にはほぼ毎年、持統の時代にはほぼ二年に一度の頻度で、新羅から「貢調《こうちょう》」「進調《しんちょう》」、あるいは「請政《しょうせい》」の使者が訪れている。

すでに天武八年（六七九）を画期として、新羅から天皇（朝庭《みかど》）への「調物」と、天皇・皇后・太子への「別献物《べつけんもつ》」が貢上《こうじょう》されていること（新川登亀男「調と別献物」）、そしてそれが、倭《わ》国側から見れば「調《みつき》」ではあっても、新羅から見れば、その先進意識と自負心、唐に近似し、かつそれに負う権力と文化、広い交易圏《こうえきけん》の記号として倭国に示され、倭国を驚《きょう》愕《がく》させるものであったことが指摘されている（新川登亀男「調（物産）の意味」）。

それに対し、倭国側は、たとえば天武の弔使《ちょうし》として新羅使が来訪した際など、持統が使者の官位が低いことを非難したうえで、

「新羅は以前から、『我が国は、日本の遠い皇祖《すめみおや》（神功皇后《じんぐうこうごう》）の御代から、舳《へさき》を並べ、檝《かじ》の乾く間もなくお仕え申しあげてきた国でございます』と言っている。それなのに今回の船が一艘だけなのも、古来のしきたりに背いている。また、『日本の遠い皇祖の御代から、清らかな心でお仕え申しあげてまいりました』というが、忠実にそのつとめを果たすことを考えようとせず、清らかな心を傷つけ、詐《いつわ》りの心で媚《こ》びへつらおうとしているのではないか」

と詔《しょう》して、「調」を返還している。そして、

「しかし、我が国家が遠い皇祖の御代から、広くおまえたちを慈《いつくし》んできた徳は、今後も絶えるものではない。つとめ、かしこんでその任にあたり、古来の定めを守る者については、天皇は広くお慈みになることであろう。おまえたちは、この勅の旨を奉じて、おまえの王（神文主《しんぶん》）に伝えるがよい」

と諭《さと》し、使者を追却《ついきゃく》（使命を果たさせずに追放すること）した。この頃が『日本書紀』の編纂《へんさん》

が本格化した時期であることを考えると、これが日本古代国家が新羅に対して取った基本的な対応となっていったことがうかがえる。

さて、律令の規定は、中国に倣《なら》った中華思想を基軸に据え、唐と新羅を一様に「外蕃《げばん》」と称していたが、『令集解《りようのしゆうげ》』公式令《くしき》・詔書式条《しようしよしき》に引かれた「古記《こき》」に、「隣国は大唐、蕃国《ばんこく》は新羅なり」とあるように、日本が朝貢《ちようこう》する対手《たいしゆ》の唐と、「我が藩屛《はんぺい》」としての朝鮮諸国（後に渤海《ぼつかい》も加わる）とを区別する観念も存在した。これに蝦夷《えみし》と隼人《はやと》・南島《なんとう》（奄美《あまみ》以北の南西諸島）を「夷狄《いてき》」として加え、「東夷《とうい》の小帝国」世界を構築したのである（石母田正「天皇と『諸蕃』」）。

大宝《たいほう》律令が完成した大宝元年（七〇一）の元日、文武天皇は大極殿《だいごくでん》に出御し、朝賀《ちようが》を受けた。その眼前には前年に新羅から遣わされた「蕃夷《ばんい》の使者」も左右に列立した。『続日本紀』は、「文物の儀は、ここに備わった」と高らかに謳《うた》っている。

なお、近年、律令とその註釈書の分析を通じて、「東夷の小帝国」論への批判がおこなわれている（大高広和「大宝律令の制定と『蕃』『夷』」）。しかし問題は法制の解釈ではなく、観念や認識のレベルにあるのであり、「東夷の小帝国」へと通じる中華思想への志向は、律令制成立以前から存在したと考えるべきであろう。

この頃に形成された『日本書紀』の世界観では、高句麗《こうくり》は神の子として認められ、天皇への服属という観点は認められず、百済《ひゃくさい》は軍事的征圧の結果として服属したのではなく当初から内官家《うちつみやけ》として位置づけられたのに対し、新羅は神功皇后の征討という軍事的行動の結果、「調」を貢上するようになったとされている。朝鮮三国に対する日本古代国家の観念は、『日本書紀』において三国それぞれに個性を持っていたのである（鬼頭清明「敵・新羅・天皇制」）。そして三国時代の新羅に対する観念が、新羅が半島を統一した後にも引き継がれていった点が重要である。

「新羅の調」をもたらす新羅使は、文武元年（六九七）、文武四年（七〇〇）、大宝三年（七〇三）、慶雲《けいうん》二年（七〇五）、和銅《わどう》二年（七〇九）、和銅七年（七一四）、養老《ようろう》三年（七一九）、養老五年（七二一）、養老七年（七二三）、神亀《じんき》三年（七二六）、天平《てんぴょう》四年（七三二）、天平六年（七三四）、天平十四年（七四二）、天平十五年（七四三）、天平勝宝《てんぴょうしょうほう》四年（七五二）、天平宝字《てんぴょうほうじ》四年（七六〇）、天平宝字七年（七六三）、天平宝字八年（七六四）、神護景雲《じんごけいうん》三年（七六九）、宝亀《ほうき》五年（七七四）、宝亀十年（七七九）と、八世紀前半には数年に一回の頻度で日本を訪れている（鈴木靖民「奈良初期の対新羅関係」）。

おそらくは、新羅側からすれば、ただ単に外交儀礼の一環である土産物として日本に持ってきた物を、日本側が口頭で「ミツキ」と称することで、両者が折り合いをつけていたものと思われる。日本が執拗《しつよう》に新羅に国書などの文書《もんじょ》を持ってくるように要求しているのも、「調」と記載された証拠を求めているのであろう。

この間、右大臣として律令国家を領導していた藤原不比等《ふじわらのふひと》が、和銅二年に新羅使を弁官《べんかん》庁《ちょう》内で引見《いんけん》している。

「新羅国使は古《いにしえ》から入朝《にゅうちょう》してきたが、それでも曾《かつ》て執政《しっせい》の大臣と談話《かた》ったことはなかった。ところが今日、引見したのは、二国の好《よし》みを結んで往来の親《うつく》しびをおこなおうと思ってのことである」

という不比等の言葉に対し、新羅使は座を降って拝礼《はいらい》し、その喜びを答えたと、『続日本紀』は記す。

日本律令国家の外交が、新羅を古来の朝貢国《ちょうこうこく》と位置づけるという立場に立っておこなわれたことを示す例である。

これは『懐風藻《かいふうそう》』に収められている長屋王《ながや》の作宝《さほ》（佐保）宅における新羅使をもてなした養老七年と神亀三年の饗宴《きょうえん》についても、新羅使を「職貢梯航使《しょくこうていこうし》」と称し、彼我を「夷《い》」「華《か》」と記すなどと同様である。

対新羅関係の変化

しかし、新羅の国情と国際関係が安定し、また渤海国の勃興《ぼっこう》に対抗するため、唐と新羅の関係は回復していった。七三五年には新羅が唐に遣使賀正をおこない、玄宗《げんそう》から浿水《ばいすい》（大同江《だいどうこう》）以南の地を賜わって、朝鮮半島の領有を承認され（『冊府元亀《さっぷげんき》』、『三国史記《さんごくしき》』新羅本紀）、両国の確執は六十七年ぶりに最終的に解消された。

こうなると、新羅は日本への対抗関係を強めていった。自国を朝貢国扱いする日本に対して、独自の地歩を主張しはじめたのである。

七二二年、新羅は「日本の賊の路を遮《さえぎ》る」ため、王都近辺の毛伐郡《もうばつ》に城を築いた（現韓国慶尚北道慶州市外東面）。七三一年には、「日本国の兵船《へいせん》三百艘《そう》が海を渡って我が東辺を襲ってきたので、王（聖徳王《せいとく》）は将兵を出動させて大破した」とある（『三国史記』新羅本紀）。両国の対抗関係と緊張を背景にしたものであろう。

新羅の賊が竹志（筑紫《つくし》）国の人を略奪して去っているとの記事が天平十年（七三八）頃に成立した『令集解』戸《こ》令・官戸自抜《かんこじばつ》条の引く「古記」に見えることから、それを追跡した大宰府《だざいふ》管内の兵船が（三百艘は誇張としても）新羅沿海に行動した可能性もある（鈴木靖民「天平初期の対新羅関係」）。

天平九年の新羅征討論

また、天平六年に来日した新羅使は、国号を「王城国《おうじょう》」と改めていたというので追却されている。そして天平九年（七三七）に至って、新羅征討論が沸き起こったのである。

この年に帰国した遣新羅使《けんしんらし》は、新羅が常礼《じょうれい》を失し、使の旨を受けなかったことを奏上《そうじょう》した。これを承けて、五位以上および六位以下の官人四十五人を内裏《だいり》に召して、意見を述べさせている。その意見は、「使を遣わして事情を問う」、あるいは「兵を発して征伐を加える」というものであった。結局、伊勢《いせ》神宮、大神《おおみわ》社、筑紫の住吉《すみよし》・八幡《はちまん》社および香椎《かしい》宮に奉幣《ほうべい》し、新羅が無礼《ぶらい》であることを奉告《ほうこく》させている（『続日本紀』）。筑紫の諸社が神功皇后伝説関連の場であることに注目すべきであろう。

新羅側でも、日本の侵攻に備えて、金城《きんじょう》（現韓国慶尚北道慶州市）と蔚山《うるさん》（現韓国蔚山広域市）のあいだに関門《かんもん》城を築いている。

その後、天平十年（七三八）、天平十四年、天平十五年に新羅使が来朝したが、いずれも大宰府から放還《ほうかん》されている。天平十五年の新羅使は、調を改めて「土毛《どもう》」（土地の産物）と称し、旧例を勘案《かんあん》すると大いに常礼を失しているという理由であった。水手《かこ》以上を召し、失礼の状況を告げて追却するという、手の込んだ措置を執っている（『続日本紀』）。この後、天平勝宝四年まで、新羅使の来朝はおこなわれなくなる。一方、『三国史記』新羅本紀には天平十四年に日本から遣新羅使が派遣されたことが記録されているが、「日本国使が至った。納めなかった」とある。

天平勝宝四年の新羅使

天平勝宝四年、新羅使の来朝を促す遣新羅使が正月に派遣され、それを承けて閏《うるう》三月に新羅王子金泰廉《きんたいれん》と「貢調使《こうちょうし》」ら七百余人が、大量の交易物資を携えて来日した（『続日本紀』）。四月の東大寺盧《る》舎那《しゃな》大仏《だいぶつ》像開眼式《かいげんしき》との関連が想定されている。大仏に鍍金《ときん》する金をもたらしたとも考えられているし、あるいは朝貢という形式を受け入れることによって、交易による実利を得ようとしたのであろう（吉田孝『日本の誕生』）。それは九世紀に明確になる新羅商人の広域的な貿易活動の先蹤《せんしょう》と位置づけられるものであったのかもしれない（東野治之「鳥毛立女屏風下貼文書の研究」）。

金泰廉は六月に、新羅国王（景徳《けいとく》王）の奏言《そうげん》を奏上した。「新羅国は遠朝《とおのみかど》（神功皇后）からはじめて、世々絶えず、舟檝《ふねかじ》を並べ連ねて国家（日本）に仕え奉ってきた。今、国王が親《みずか》ら来朝して御調《みつき》を貢進《こうしん》しようと欲するが、一日も主がいないと国政が絶え乱れる。そこで王子泰廉を遣わす」というものである（『続日本紀』）。

ほんとうに新羅使がこんなことを言ったのかは疑問の残るところであるが、あるいは外交儀礼上の発言に、『続日本紀』が神功皇后伝説を加えて、さらに文飾《ぶんしょく》を施したものであろうか。

これに対し、孝謙《こうけん》天皇はこれを誉めながらも、つぎのような詔で答えた（『続日本紀』）。

「新羅国が来て朝庭（日本）に仕え奉ってきた事は、気長足媛皇太后《おきながたらしひめのおおきさき》（神功皇后）があの国を平定したときからはじまり、今に至るまで、我が蕃屛《はんぺい》となっている。ところが前王承慶《しょうけい》（孝成王《こうせい》）・大夫《たいふ》思恭《しきょう》らが言行《げんこう》が怠慢《たいまん》で、恒《つね》の礼を欠失した。そこで使を遣わして罪を問おうとしたところ、今、彼の王軒英《けんえい》（景徳王）は、前過《ぜんか》を改め悔いて、親ら朝庭に来ることを願った。ところが国政を顧みる為に、王子泰廉等を遣わして、代わりに入朝させ、兼ねて御調を貢《たてまつ》った。朕（孝謙）はそこで嘉《よろこ》び歓《うれ》しみ勤款《まことをつと》めて、位を進め、物を下賜《かし》する。今から以後《のち》は、国王が親ら来て、辞《ことば》を以て奏するように。もし余人を遣わして入朝する場合は、必ず表文《ひょうぶん》をもたらすように」

これもほんとうにこんなことを要求したのかと疑ってしまうが（相手の国王を呼び捨てにしたりとかも）、国王自身の来朝や表文の奏上は、新羅側にとってはとうてい容認できるものではなかった。

遣唐使の席次争い

また、天平勝宝五年（七五三）の正月、遣唐副使《けんとうふくし》の大伴古麻呂《おおとものこまろ》が唐・長安《ちょうあん》の蓬莱《ほうらい》宮含元《がんげん》殿《でん》でおこなわれた百官《ひゃっかん》・諸蕃《しょばん》の朝賀《ちょうが》の儀において、新羅使と席次《せきじ》を争うという事件が起こった。「古より今に至るまで、新羅が大日本国に朝貢することは久しい。ところが今、東《とう》畔《はん》の上に列し、我はかえってその下に列している」と主張したのである（畔とは席次を示す石のこと）。

唐の将軍呉懐実《ごかいじつ》の取りなしで新羅を西畔《せいはん》第二の吐蕃《とばん》（チベット王国）の下、日本使を東畔第一の大食国《たいじき》（アッバース朝イスラム帝国）の上に移動させ、この争いは収まったのであるが（『続日本紀』）、報告を受けた新羅本国では、大いに憤慨したであろう。

同じ七五三年に新羅に派遣された遣新羅使小野田守《おののたもり》（妹子《いもこ》の曾孫）は、「日本国使が至った。傲慢《ごうまん》にして無礼であった。王はこれを接見《せっけん》せず、廻却《かいきゃく》した」という扱いを受けている（『三国史記』新羅本紀）。

このようにして、緊張関係と対抗関係が表面化したまま、日本は藤原仲麻呂《なかまろ》政権を誕生させたのである。

2 新羅出兵計画

藤原仲麻呂独裁政権

天平宝字元年《てんぴょうほうじ》（七五七）に橘 奈良麻呂《たちばなのならまろ》の「謀反《むへん》」を鎮圧し、独裁権力を手に入れた藤原仲麻呂《ふじわらのなかまろ》（不比等《ふひと》嫡男《ちゃくなん》である武智麻呂《むちまろ》の次男。皇権を把握する光明皇太后《こうみょうこうたいごう》の甥《おい》）は、翌天平宝字二年（七五八）八月に淳仁《じゅんにん》天皇を擁立し、右大臣（大保《だいほう》）に任じられて、ついに太政官《だいじょうかん》（乾政官《げんじょうかん》）をも制覇《せいは》した。同日、恵美《えみ》の姓、押勝《おしかつ》の名を淳仁から賜わり、自己の家（恵美家）のみを藤原氏からも分離し、天皇家との一体化をはかって准皇親《じゅんこうしん》化するという指向を示しはじめている。

悪化する対新羅《しんら》関係のなか、天平宝字元年十一月におこなわれた対策《たいさく》（官吏登用試験）の問題に、

問う、「三韓が朝宗《ちょうそう》するのは、日が久しい。風を占い、貢を輸して、歳時、絶えることはない。このごろ、小さい新羅は漸く蕃礼《ばんれい》を欠く。先祖の要誓《ようせい》を蔑《ないがし》ろにし、後主《こうしゅ》

の迷図《めいと》に従う。多く楼船《ろうせん》を発して遠く威武《いぶ》を揚げ、勢いのある鯨を鯷壑《ていかく》（朝鮮半島）に斬り、大きな猪を鶏林《けいりん》（新羅）に戮《りく》そうと欲している。但し良将《りょうしょう》は謀を伐ち、神兵《しんぺい》は戦わない。この道に到ろうとするならば、何を施して獲るか」と。

と異例の出題がおこなわれるなど（遠藤慶太「『経国集』対策の新羅観」）、武力行使も辞さないかの態度を表明している。そのような折も折、北東アジア国際情勢を揺るがす情報が入ってきたのである。

安史の乱

天平宝字二年十二月、遣渤海使《けんぼっかいし》小野田守《おののたもり》（先に遣新羅使《けんしんらし》として新羅国王に接見《せっけん》できず、空しく帰国した者）が報告したことは、以下のとおりであった。七五五年十一月、唐で安禄山《あんろくさん》が挙兵して大燕聖武《だいえんせいぶ》帝と称し、年号を聖武と改めて洛陽《らくよう》に入った。翌七五六年六月、玄宗皇帝《げんそうこうてい》は長安《ちょうあん》を出て、七月には皇太子を即位させた（粛宗《しゅくそう》）。七五八年四月、使者を渤海《ぼっかい》に遣わして、粛宗と玄宗が長安に帰ったことを告げたが、渤海王はこれを不審とし、使者を留めて子細を調査している、というものである（『続日本紀』）。

七五五年に起こった叛乱《はんらん》を七五八年に至ってやっと日本が知ったという点、唐《とう》の冊封《さくほう》を

怡土城

受けていない島国のハンディキャップが如実に表われている。実際には安禄山は七五七年正月に子の安慶緒《けいしょ》によって暗殺されているのであるが、その報は渤海には伝わっていなかったのであろう。仲麻呂たちは田守の報告に対し、大宰府《だざいふ》に勅《ちょく》を下した。

安禄山は「狂胡《きょうこ》の狡竪《こうしゅ》」（蕃人《ばんじん》の狡猾《こうかつ》な男）なので叛乱は不可能であろうが、西征《せいせい》に失敗して、かえって海《かい》東《とう》（日本）を侵掠《しんりゃく》してくるかもしれない。大宰帥《だざいのそち》船《ふね》王と大弐《だいに》吉《き》備《び》真備《のまきび》は対策とその処置を詳細に報告してくるように、と（『続日本紀』）。

翌天平宝字三年（七五九）三月になって、大宰府は防衛上の不安点四箇条とその対策を言上《ごんじょう》してきた。一、警固《けいご》のための船の不足。二、東国防人《とうごくさきもり》の停止による防備の疎略《そりゃく》。三、防人を築城に使役しようとしても府官の意見が分かれている点。四、大宰府管内の百姓《ひゃくせい》の課役《かえき》負担の軽減。仲麻呂は、このうちの第一点と第三点を認可している。

このうち、築城とあるのは、天平勝宝《てんぴょうしょうほう》八歳（七五六）以来、真備の建言《けんげん》により築城をおこなわせている怡土城《いと》のことである。現在の福岡県糸島市に築かれた攻撃的陣営としての中国式山城《さんじょう》であるが、真備はすでにこの日の来ることを予測していたのであろう。

仲麻呂の情報収集

渤海使を自邸の田村第《たむらてい》に招いて情報収集にあたった仲麻呂は、その帰国に合わせて迎入《げいにっ》唐大使使《とうたいしし》を派遣した（『続日本紀』）。天平勝宝四年（七五二）に渡海《とかい》して以来、帰国していない遣唐大使《けんとうたいし》藤原清河《きよかわ》（と仲麻呂六男の刷雄《よしお》）を帰国させるとともに、唐の最新の情勢を収集することを目的としていた。

一行九十九名は天平宝字三年二月に渤海に渡り、安禄山の乱は終息したものの、今度は史思明《ししめい》が安慶緒を殺して大燕《だいえん》皇帝を称し、いまだ安定を見ていないことを知った。そこで十一名のみを入唐させ、残りの内蔵全成《くらのまたなり》たちはその情報を日本に伝えるために帰国した。ところが全成らは途中で遭難して十月に対馬《つしま》に漂着し、十二月にやっと入京した。古代における国際情報の収集がいかに困難であったかを思い知らされる事例である。

新羅征討計画の表明

このような国際情勢のなか、渤海と連携した仲麻呂は、新羅征討計画を表明した。まず天平宝字三年六月、新羅を伐《う》つためとして大宰府に行軍式《こうぐんしき》を造らせ、八月に大宰帥を仲哀《ちゅうあい》天皇と神功皇后《じんぐうこうごう》の霊を祀《まつ》る香椎廟《かしい》(現福岡市東区)に遣わして新羅征討を奉告《ほうこく》し、九月には新羅からの帰化人《きかじん》で本国に帰りたい者を追却させるよう命じている(『続日本紀』)。この頃、新羅では飢饉《ききん》や疫病《えきびょう》が発生し、日本に帰化した者が多かったのである(『三国史記《さんごくしき》』新羅本紀)。

そして九月十九日、新羅を伐つためとして、北陸道《ほくりくどう》諸国に八十九艘《そう》、山陰道《さんいんどう》諸国に百四十五艘、山陽道《さんようどう》諸国に百六十一艘、南海道《なんかいどう》諸国に百五艘、計五百艘の船を三年以内に造るよう命じている(『続日本紀』)。

ここで緊迫する北東アジア情勢に呼応して新羅を征討しようというのに、三年もかけて準備をおこなうというのは、どういった事情があるのであろうか。白村江《はくそんこう》の経験に鑑《かんが》みて、堅牢な軍船五百艘が必須であり、そのためにはこれくらいの建造期間を必要としたという意見《けんろう》もあるが(岸俊男『藤原仲麻呂』)、むしろこれは、国際情勢に対する緊急性という認識の欠如、あるいはまた、仲麻呂が本気で新羅に出兵しようとはしていなかった可能性も考えるべきであろう。

つまりこれも、国内の政治情勢にまつわる不穏な動きを海外への派兵に向けさせるための、国内政治的な戦争準備ということになる。仲麻呂の権力集中と准皇親化と軌を一にして、表面的には対外戦争へと国論を集中させようとしたというわけである。

対新羅関係を含む国際的契機が国内における権力集中を惹起《じやつき》させ、専制的支配の確立または維持の手段となった（石母田正『日本の古代国家』）というよりも、「国内における政治的混乱を排除するために軍事的な権力を天皇を擁する実力者の下に集中するという要因が基本で、それに国際的契機・新羅との敵対的関係が利用された」（鬼頭清明「敵・新羅・天皇制」）と評価すべきなのであろう。

新羅征討計画の完成

翌天平宝字四年（七六〇）正月、仲麻呂は諸臣としてははじめて太政大臣（大師《だいし》）に任じられたが、それもつかの間、その権力は決定的な打撃を蒙《こうむ》った。三月以来、光明皇太后が病悩し、六月に死去してしまったのである。約二十年間にもわたり、仲麻呂の権力を支えてきた「天皇家の長」の死は、その独裁権力の基盤をも、一挙に突き崩してしまったのである。

その年の九月、新羅使が来朝した。仲麻呂は子の朝獦《あさかり》を大宰府に派遣して、これと問答させた。「新羅の調《みつき》」を貢進《こうしん》し、日本の風俗・言語を学ぶ者二人を連れてきたという新羅使に対し、朝獦は新羅の無礼《ぶらい》を責め、前回、王子が約束したことに違っていることを、「王子すら信用できない、まして軽使《けいし》はなおさらである」と言って追却した（『続日本紀』）。

十一月には授刀舎人《たちはきのとねり》ら六人を大宰府に派遣して真備から兵法を習わせ、天平宝字五年（七六一）正月には少年に新羅語を習わせる（『続日本紀』）など、一見すると新羅征討計画が進んでいるようにも見えるが、何となく緩慢《かんまん》な動きに感じられるのである。

そして十一月、兵士の動員・訓練、兵船《へいせん》の徴発にあたる節度使《せつどし》を置いた。東海道節度使に藤原恵美朝獦、南海道節度使に百済王《くだらのこにきし》敬福《きょうふく》、西海道節度使に吉備真備である。計三十三国一島から船三百九十四隻、兵士四万七百人、子弟二百二人、水手《かこ》一万七千三百六十人を動員・配置する計画が発表された（『続日本紀』）。これらは外征軍の陣容を整備しようとしたものと推定されている。三人の節度使が三軍を率いるという構成だったのであろう（岸俊男『藤原仲麻呂』）。百済王の末裔《まつえい》が含まれているのは、皮肉なことである。

新羅征討計画の中止

いよいよ、天平宝字六年（七六二）を迎えた。正月早々、節度使のための上衣と冑《かぶと》、各二万二百五十具を大宰府に造らせている。前年に唐から帰国した迎入唐大使使が唐から与えられた兵器の見本による新様式に基づくものであった。四月にははじめて大宰府に弩師《どし》を置き、十一月には伊勢《いせ》神宮と香椎廟、および天下の神祇《じんぎ》に奉幣《ほうべい》し、新羅を征討する軍兵を調習《ちょうしゅう》することを奉告した（『続日本紀』）。

こうして着々と外征軍の派遣に向けて機が熟してきたかのように見えるのだが、これ以降、新羅征討に関する記事は見えなくなる。そして天平宝字七年（七六三）八月には山陽・南海道節度使、天平宝字八年（七六四）七月には東海道節度使が廃止され（『続日本紀』）、新羅征討計画はいつの間にか立ち消えとなった。

この間、天平宝字六年十月に来朝した渤海使が、征討中止を申し入れたとの推測もある（石井正敏「初期日渤交渉における一問題」）。渤海にとっては、唐との関係が修復された以上、新羅を征討する意欲が失われたのであろう。国際情勢の情報の収集（虚報も含む）を渤海に頼っていた日本（河内春人「東アジアにおける安史の乱の影響と新羅征討計画」）は、最後まで渤海に振りまわされていたことになる。

天平宝字七年二月には新羅使が来日した。仲麻呂はあいかわらず前約と違反していることを非難し、王子か執政大夫《しっせいたいふ》による朝貢《ちょうこう》を要求しながらも、前回と異なり、すぐに入京させているなど（『続日本紀』）、その対応には変化が出てきている。

仲麻呂の権力の失墜と恵美押勝の乱

じつは仲麻呂は、新羅征討どころではなくなる事態に陥ってしまっていたのである。光明皇太后の死によって、それまで天皇大権の行使を抑えられてきた孝謙太上天皇《こうけんだいじょう》が「天皇家の長」の立場に立ち、傍流《ぼうりゅう》（と孝謙が考えた）である淳仁と衝突し、天皇権力が分裂してしまったのである。加えて孝謙は、天平宝字五年十月以来、道鏡《どうきょう》を「寵幸《ちょうこう》」して仲麻呂＝淳仁とは一線を画し、天平宝字六年六月に決定的な分裂を迎えた（『続日本紀』）。

こうして仲麻呂は、天平宝字八年九月に恵美押勝の乱を起こし、先手を取った孝謙側によって討滅《とうめつ》されることになる（倉本一宏『奈良朝の政変劇』）。

対新羅関係の推移

新羅征討計画の中止によって、唐・新羅・渤海・日本を巻き込んだ北東アジアの全面戦争の危機は回避された（もともと開戦の意志がなかったとしたら、そもそも危機は存在しなかったのではあるが）。

これ以降、新羅との交渉は交易《こうえき》を主体とする方向に向かい、商船が九州に来着《らいちゃく》することが増えてきた。神護景雲《じんごけいうん》二年（七六八）には大臣以下に新羅の交易物を購入するための綿を下賜《かし》したりしている（『続日本紀』）。

一方では、来日した新羅使に対しては、宝亀《ほうき》元年（七七〇）には調を「土毛《どもう》」と称したことを問責《もんせき》し、宝亀五年（七七四）には調を「信物《しんぶつ》」と称したことによって放還《ほうかん》している（『続日本紀』）。

ただ、宝亀十一年（七八〇）には新羅使が拝賀《はいが》に参列し、方物《ほうぶつ》を「御調《みつき》」と称したので、「このように仕え奉るのならば、厚く恩遇《おんぐう》を加えて、もてなすに常礼《じょうれい》をもってする」と勅して位階を授けている（『続日本紀』）。新羅側にも、さまざまな事情によって日本の要求を（外交儀礼上は）否《の》まざるを得ない場合もあったのであろう。

この新羅使の帰国に際しては、今後は口奏《こうそう》ではなく表函《ひょうかん》（函封《かんふう》した上表文《じょうひょうぶん》）を持って来るようにとの璽書《じしょ》を新羅国王に与えている（『続日本紀』）。しかし、これ以降、新羅使が日本に派遣されることはなかった。あいつぐ政変や叛乱、飢饉や災害によって、新羅は衰亡《すいぼう》していったのである。

日本側からも、遣唐使を派遣するに際して使節が漂流した際の保護を求める場合をのぞいては遣新羅使の発遣《はっけん》も途絶え、ここに両国は長い歴史を持つ国交を断つこととなったのである。お互いに顔を合わせないことで、敵対意識もますます増幅していったはずである。

ところが一方で、新羅の衰亡にともなって、日本に来航、漂着する新羅人が増加し、日本側はその対応に迫られることとなった。宝亀五年に出された勅は、「流来《りゅうらい》」「帰化」の区別を明確化し、「流来」者の送還を義務化したものとされる。それは日本と新羅の関係が悪化するなかで、来着した新羅人を日本国内に留めておくことに危惧《きぐ》の念を抱いた結果であり、「東夷《とうい》の小帝国」秩序からの離反傾向を強める新羅に対して、日本があくまでも

「大国」的立場で恩恵を施すという懐柔的側面も持っていたということになる（山内晋次「朝鮮半島漂流民の送還をめぐって」）。

新羅を一方では朝貢国《ちょうこうこく》と、また一方では敵国と認識するという伝統は、さらに後世にまで受け継がれた。このような、現実の国際社会ではもはや通用しない対外認識のなか、唐も新羅も衰亡への道を歩みはじめた。そして日本もまた、律令《りつりょう》国家の時代とは異なる平安《へいあん》時代へと変貌していくこととなったのである。

第五章　「敵国」としての新羅・高麗　九～十世紀

1 「敵国」新羅

平安初期の新羅との「外交」

平安《へいあん》時代に入り、日本の外交方針や対外認識自体に変化が生じてきた。新羅《しんら》側からも、『三国遺事《さんごくいじ》』に、七八六年（日本の延暦《えんりゃく》五年）に「日本王文慶」が新羅の三国宝の一つである万波息笛《まんぱしくじょく》という楽器を求めて兵を挙げ、新羅を伐《う》とうとしたという噂が伝えられているが、これなども、百済《ひやくさい》系の生母を持ち、百済王《くだらのこにきし》氏の后妃《こうひ》を入れ、渡来《とらい》系氏族を重用《ちょうよう》した桓武《かんむ》天皇の時代にしてもなお、新羅が日本を敵対視していたことの証左であろう。

数少ない日本と新羅との交渉も、遣唐使《けんとうし》の派遣（これも平安時代には二回だけであったが）に際して、遣唐使船が難破した場合の保護を新羅に求めた使者に限られた。

まず、延暦二十年（八〇一）に第十八次遣唐使が任命され、延暦二十二年（八〇三）に遣唐使船が漂着した場合の保護を依頼するために正六位上民部少丞《みんぶのしょうじょう》斎部浜成《いんべのはまなり》が新羅に派遣された。この遣唐使は暴雨疾風に遭い、第三船が肥前《ひぜん》国松浦《まつら》郡で漂流してしまった。「きっと新羅に漂着したのであろう」ということで、その捜索と保護を依頼するため、延暦二十三年（八〇四）に日本は新羅に使者として大伴岑万里《おおとものみねまろ》を派遣している。これも正六位上兵部《ひょうぶの》少丞《しょうじょう》という低い官位の者であった（『日本後紀《にほんこうき》』）。

これらの使者について、新羅側の史料では、八〇三年に「日本と修交して友好関係を結んだ」、八〇四年に「日本は使臣を遣わして黄金三百両を進上した」、八〇六年に「日本国の使臣が来たので、王（哀荘《あいそう》王）は朝元殿《ちょうげんでん》において引見《いんけん》した」、八〇八年に「日本国の使臣が来たので、厚い礼でこれを待遇した」と伝えている（『三国史記《さんごくしき》』新羅本紀）。

ついで承和《じょうわ》元年（八三四）に、実質的に最後となる第十九次遣唐使が任命された。この遣唐使は承和三年（八三六）、承和四年（八三七）と渡航に失敗し、承和五年（八三八）にやっと渡航するのだが、その過程で、承和三年に、前回よりもさらに低い官位の武蔵権大掾《むさしのごんのだいじょう》紀三《きのみ》津《つ》が新羅に遣わされた。遣唐使船が風変に遭って新羅に漂着した際の保護を依頼したのである。三津から、「旧来の友好関係は変わらず、ますます発展している」と告喩《こくゆ》され、新羅も面食らったことであろう。

年末に帰国した三津は、新羅において受けた扱いを復命《ふくめい》した。それに対し朝廷は、三津が使命の趣旨を取り違え、新羅の不当な脅しを受けて帰国したと非難した。三津が新羅を恐れ怯《おび》えて媚《こ》び、もっぱら通交のための使者であると称した、それに対し新羅の執事省《しつじしょう》は、日本の太政官牒《だいじょうかんちょう》と三津の言辞が食い違っていることを難詰《なんきつ》したが、三津は申し開きもできず、真意を文に書き表わすこともできなかった、というのである（『続日本後紀《しょくにほんこうき》』）。なお、この使者のことは『三国史記』には見えない。

ほんとうに三津が使命を取り違えたとは思えないし、一行には通訳もいたのであるから言語が通じなかったはずもない。早く佐伯有清氏が指摘されたように、日本がいつまでも新羅を「蕃国《ばんこく》」視して、遣唐使船の救援依頼も礼を欠く態度（と文書《もんじょ》）で臨み、新羅がそれに不満を抱いて、三津を放還《ほうかん》したのであろう（佐伯有清『最後の遣唐使』）。

それは新羅の執事省が出した牒に、「小人《しょうじん》（三津）のひどい罪を許し、大国（新羅）の寛大な原則で対処する」という言辞があることからも明らかである（『続日本後紀』）。すでに新羅は大国として日本に対峙《たいじ》しているのである。これは新羅にとっても、大きな転換点であったが、同時に日本側からも、それまで欠けていた偏狭な排外意識が生まれてくることにつながっていった（佐伯有清「九世紀の日本と朝鮮」）。

それにしても、これも佐伯氏の指摘されたところであるが、新羅執事省の牒のなかに遣唐副使小野篁《おののたかむら》の名が見え、日本の朝廷がこれを新羅の商船からの根も葉もない噂と認識したことの意味は大きい。すでに唐《とう》や新羅の海商《かいしょう》は両国をまたいで活躍を見せており、篁とも密接な交渉を持っていたのである（佐伯有清『最後の遣唐使』）。

平安日本の対外認識

　公的な使節の往来が途絶えた一方、日本政府は増加する「帰化」新羅人や、新羅海商、また漂着民への対応をおこなわざるをえなかった。従来、考えられていたような、平安時代の日本の外交姿勢を「退嬰《たいえい》的孤立主義」「自己封鎖的・排外的思想」と国家財政緊縮方針とが一体となった「鎖国《さこく》方針」ととらえる見方（森克己『日宋貿易の研究』）は、現在ではほぼ克服されている。

　平安時代の日本外交も、秩序だって日羅《にちら》貿易、帰化新羅人を受け入れ、漂着者の送還をおこなってきたと考えるべきである（石上英一「古代国家と対外関係」）。十世紀前半には、北東アジアの動乱が日本国内に波及する、または日本国内でも新羅勢力と西辺の反政府勢力が連携した内乱が発生し得る現実が存在することの認識が、中央政府に持たれており、日本の外圧および外圧と内乱・国内治安問題、異民族間戦争への危険性の認識との結合を避けようとした結果、「積極的孤立主義」とも呼び得るような外交方針を選択した（石上英一「日本古代一〇世紀の外交」）。そこには、海外の紛争に巻き込まれないようにする冷徹な外交姿勢を読み取るべきであろう（渡邊誠「平安貴族の対外意識と異国牒状問題」）。

　また、十世紀後半になると、宋《そう》帝国の成立にともなう安定した北東アジアの世界秩序に参加することは、政治的・経済的・文化的に必要不可欠な行動であった。日本も独立の国家としての立場を維持しつつ、公的な使命を帯びた入宋僧《にっそうそう》の皇帝《こうてい》への朝覲《ちょうきん》（君主に拝謁《はいえつ》すること）によって、宋の帝国秩序に位置づけられていった（石上英一「日本古代一〇世紀の外交」）。

ただし、それらはあくまでも、「閉鎖的」「退嬰的」と考えられてきた従来の説にくらべれば、の話であって、これまでの倭《わ》国や日本古代国家の外交方針と比較すると、それほどの熱情や積極性を感じることができないこともまた、事実であろう。

九世紀以降、新羅人の帰化を認めなくなる政策を選んだということも、帰化というものが帝国である中華の徳を慕ってきた異国人を自らの国内に受け入れるという建前である以上、平安日本が「小帝国」という立場を抛擲《ほうてき》し、国家として対外的な「交通」に自ら参加して関係を切り結んでいくのではなく、さまざまな対外的「交通」にその場その場でいかに対処していくかが問題となったという、「内向き」の外交方針を選択したことを意味している（平野卓治「九世紀における日本律令国家と対新羅『交通』」）。

倭国の成立以来、中国・朝鮮諸国に使節を派遣して政治・経済・文化の導入をおこなってきた我が国の基本方針は、ここに大きな転換を迎えることになった。延長《えんちょう》七年（九二九）に漂流民を送還した答礼《とうれい》のための後百済《こうひゃくさい》使が来た際にも、わざわざ、「隣好《りんこう》を求めるために送還したわけではない」と述べているほどである（『扶《ふ》桑略記《そうりゃくき》』）。その後も五代呉《ごだいご》越《えつ》・宋および高麗《こうらい》から外交の働きかけがあったが、結局、正式な外交関係の樹立には応じようとはしなかった。日本の国際関係は、外交は求めないが貿易は進めるという基本方針に大きく転換したのである（石井正敏「一〇世紀の国際変動と日宋貿易」）。

2　新羅の入寇

弘仁の入寇

時代は遡るが、交易《こうえき》のために日本に来航する新羅海商《しんらかいしょう》の他、飢饉《ききん》や疫病《えきびょう》に苦しむ新羅の民衆のなかには、日本に漂着する者も現われた。海商や漂流民たちは、自らの身を守るために武装していた者も多かったであろうから、彼らが前触れなしに日本の沿岸に現われた場合、日本側からは「海賊」とみなされる事件も起こった。

弘仁《こうにん》二年（八一一）十二月六日、新羅船三艘《そう》が対馬《つしま》の西海に現われ、その内の一艘が下《しも》県《あがた》郡の佐須《さす》浦（現長崎県対馬市厳原町小茂田浜）に着岸した。船には十人ほどが乗っていたが、言語が通じず、事情は知りがたかった。他の二艘は闇夜に流れ去り、行方がわからなくなった。七日、燭火《しよつか》を灯《とも》して連なった二十余艘の船が島の西の海中に姿を現わし、これらの船が賊船であることが判明した。そこで前日に着岸した者のうち五人を殺害したが、五人は逃走し、後日、四人を捕捉《ほそく》した。対馬島では兵庫《ひょうご》を衛《まも》り、軍士を動員した。新羅方面を望見《ぼうけん》すると、毎夜、数ヵ所で火光が見えるので疑いや懼《おそ》れが止まなかった（『日本後紀』）。

ということで、対馬島は大宰府《だざいふ》に言上《ごんじょう》してきた。大宰府は、事の真偽を問うために新羅語の通訳と軍毅《ぐんき》を対馬島に派遣し、さらに要害の警固《けいご》を大宰府管内（九州）と出雲《いずも》・石見《いわみ》・長門《ながと》国に告知した。そして十二月二十八日付で中央に奏上《そうじょう》した。朝廷では、弘仁三年（八一二）正月五日付で大宰府に勅《ちょく》を下した。「事の虚実についてつづけて言上するよう命じたが、今まで申すところはなかった。要害の国では動員した人兵が警備に疲れるであろうから、いつ解除できるのか言上せよ。賊の動向を検討すると、虞《おそ》れとするには足りない」ということで、出雲・石見・長門国での要害守衛は停止させている（『日本後紀』）。この時は何の被害もなかったので、この程度の措置で済んだのであろう。

弘仁四年（八一三）二月二十九日には、新羅人百十人が五艘の船に乗って、五島《ごとう》列島の北端にある小近《おちか》島（小値賀《おぢか》島。現長崎県北松浦郡小値賀町）に上陸した。小近島の「土民《どみん》」がこれと戦い、新羅人九人を殺し、百一人を捕獲した。この報せは三月十八日付で大宰府が中央に言上し、朝廷では新羅人を訊問《じんもん》し、帰国を願う者は放還《ほうかん》し、帰化を願う者は、先例によって処置せよという指示を下した（『日本後紀』）。「土民」に殺されたり捕獲されたりしたのであるから、この新羅人は武装勢力ではなく、単なる難民だったのであろう。

それでも朝廷では、弘仁六年（八一五）に対馬島に新羅語の通訳を置き（『日本後紀』）、承和《じようわ》二年（八三五）に壱岐《いき》島に三百三十人の防人《さきもり》を配置し、弩師《どし》を復活させて、承和五年（八三八）に壱岐島に、嘉祥《かしよう》二年（八四九）に対馬島に配備するなどの措置を講じている（『続日本後紀』）。

貞観の入寇

そして貞観《じようがん》十一年（八六九）五月二十二日、新羅の海賊が船二艘に乗って博多津《はかたのつ》（現福岡市中央区那の津）に来着《らいちやく》して豊前《ぶぜん》国の貢調船《こうちようせん》を襲撃し、年貢《ねんぐ》の絹綿を掠奪《りやくだつ》して逃げ去った。兵を発して追ったものの、遂に賊を獲ることはできなかった（『日本三代実録《にほんさんだいじつろく》』）。この事件は大宰府からの使者が六月十五日に入京して告げたものである。

律令《りつりよう》の原則では、「境外消息《きようがいのしようそく》」は馳駅《ちえき》（飛駅《ひえき》とも。駅馬《えきば》を乗り継いで使う緊急連絡の使者）によって言上しなければならないとされており（養老公式令《ようろうくしき》・国有瑞条《こくゆうずい》）、事件から二十日以上も要して中央に報告してきたのは、まさに怠慢《たいまん》としか言いようがない。

もっとも朝廷の方も、この事件に対して大宰府を譴責《けんせき》したのは、七月二日のことであった。「新羅の寇盗《こうとう》が侵掠《しんりやく》をおこなったのは、ただ官物《かんもつ》を亡失《ぼうしつ》しただけにとどまらず、国威《こくい》の損辱《そんじよく》である。往古《おうこ》に前例がなく、後代に面目を失った」というものである（『日本三代実録』）。

朝廷が大きな衝撃をもってこの事件を受けとめたことを示しているが、結局、執った措置は、十二月以降、伊勢《いせ》神宮・石清水八幡宮《いわしみずはちまんぐう》・宇佐八幡宮《うさはちまんぐう》・香椎廟《かしい》・宗像《むなかた》大社などの諸社や山陵《さんりよう》に事件を奉告《ほうこく》することであった。その宣命《せんみよう》のなかで、庁楼《ちようろう》や兵庫の上に大鳥の怪異があるのは隣国（新羅）に兵革《へいかく》があるからであるという卜占《ぼくせん》が出たと言っている他、肥後《ひご》国や陸奥《むつ》国で大きな地震（いわゆる貞観大地震）があったことも、これに関連づけている。

また、新羅に対して、「日本の国と久しい世から相戦ってきた」としたうえで、「日本は久しく軍旅《ぐんりよ》（戦争）がなかったので警備を忘れていた。しかし日本の朝は神明《しんめい》の国であるから、神明が護助《ごじよ》するので兵寇《へいこう》が近づくことはできない」と言っている（『日本三代実録』）。これが神国《しんこく》思想の端緒であるとされている。

この事件は、当該期の大宰府管内の辺境防備や交通管理が弛緩《しかん》していたことを如実に示す事例であったが、同時に朝廷の中央貴族層と大宰府などの地方官とのあいだの認識が乖《かい》離《り》していたことを示す結果にもなった（村上史郎「九世紀における日本律令国家の対外意識と対外交通」）。

そしてまた、この事件は新羅に対する敵視、賊視を決定的にし、九世紀中葉までの比較的開放的な対外諸交流を閉鎖的な方向へと導くことになった。新羅海賊が日本側の内情を熟知していることで、帰化新羅人や留住《りゅうじゅう》新羅商客に対する猜疑心《さいぎしん》を増大させたのも、その一環である（石上英一「古代国家と対外関係」）。さらには、国内における新羅と関係する不穏な情勢と、平安《へいあん》時代に拡まった穢《けがれ》意識の肥大化による境外《きょうがい》の穢れた空間への恐怖とがあいまって、支配層のなかに新羅に対する強烈な排外意識が生まれてきたなかで、このような思想状況に火をつけたという指摘もある（村井章介「王土王民思想と九世紀の転換」）。

元慶《がんぎょう》元年（八七七）までに編纂《へんさん》された『貞観儀式《じょうがんぎしき》』（『儀式《ぎしき》』）追儺《ついな》儀では、陸奥国以東、五島列島以西、土佐《とさ》国以南、佐渡《さど》国以北は穢れた疫鬼《えきき》の住処《すみか》と規定された。対新羅関係の悪化と並行して、天皇の支配する領域の外は穢の場所とする王土《おうど》王民《おうみん》思想が、神国思想とともに形成されていったのである。

寛平の入寇

　九世紀も末になり、末期となった新羅からの来寇《らいこう》も増加した。寛平《かんぴょう》五年（八九三）五月十一日、「新羅の賊」が肥前《ひぜん》国松浦《まつら》郡（現佐賀県唐津市から長崎県佐世保市にかけての玄界灘《げんかいなだ》沿岸）に来たった。この報は飛駅使《ひえきし》によって奏上され、二十二日には京都に到着している。朝廷では、大宰帥《だざいのそち》是忠《これただ》親王と大弐《だいに》安倍興行《あべのおきゆき》に追討《ついとう》を命じている。

閏《うるう》五月三日には第二報の飛駅使が到来し、「新羅の賊」は肥後国飽田《あきた》郡（現熊本県熊本市から宇土市にかけて）において人宅を焼亡《じようもう》し、肥前国松浦郡に逃げ去ったことが知らされた。この時も追討を命じているが、今回はこの程度で事なきを得ている。

翌寛平六年（八九四）の二月二十八日、三月十三日、四月十四日、大宰府からあいついで「新羅の賊」の侵寇《しんこう》が飛駅言上された。三月は辺島、四月は対馬島に来寇したというものである。朝廷ではその追討と北陸《ほくりく》・山陰《さんいん》・山陽道《さんようどう》諸国の警固を命じたが、五月七日に至って、賊が逃げ去ったという報せが届いた。

ほっとしたのもつかの間、九月にはさらに大規模な来寇に見舞われることとなった。九月五日、船四十五艘に乗った「新羅の賊徒《ぞくと》」が対馬島に到った。報を受けた大宰府は九日付で飛駅言上し、十七日に京都に到着した。『扶桑略記《ふそうりやつき》』に収められたこの時の記録によると、この来寇の経緯は、つぎのようなものであった。

九月五日の朝、対馬守文室善友《つしまのかみふんやのよしとも》は郡司《ぐんじ》・士卒《しそつ》を前に檄《げき》を飛ばし（「矢を背に立てたら軍法によって罪を科し、額に立てたら賞すように言上してやる」とか）、郡司・士卒、それに島分寺《とうぶんじ》の上座《じようそ》僧《そう》まで動員して要害に配置した。善友たちは弩《おおゆみ》（クロスボウ）を配備し、「賊徒」を雨のように射た。「賊徒」は海に入ったり山に登ったりしたが、結局、大将軍三人、副将軍十一人を含む三百二人を射殺し、船十一艘、太刀《たち》五十柄、桙《ほこ》一千基、弓百十張、胡簶《やなぐい》百十、盾《たて》三百十二枚にものぼる兵器を奪い、「賊一人」を生虜《いけどり》とした。

その生虜を尋問したところ、新羅は不作で人民は餓えに苦しみ、倉庫は空になって王城も不安となったにもかかわらず、新羅王が穀物や絹の徴収を命じたため、やむなく日本にやって来たということであった。本拠地における「賊徒」の全容は、船百艘、乗員二千五百人。対馬から逃げ帰ったなかに「最敏《さいびん》の将軍」が三人いて、そのうちの一人は「唐人《からびと》」である、ということであった。

これはもう、単なる海賊（海商・海民・農民を含む）の範疇《はんちゅう》を超えた、後世の倭寇《わこう》に通じる専門的な武装集団、しかも体系的な軍事組織と専門的な武器・武具を大量に装備した、新羅の公的権力に連なっていることが想定できそうな集団であった（近藤浩一「東アジア海域と倭寇」）。なお、かつては「新羅王が穀物や絹を略奪するよう命じたためにやって来た」という解釈も存在したが（浜田耕策「王権と海上勢力」）、これは史料の誤読であろう。いくらなんでも、そのような「海賊国家」が存在するとは考えられない。

後に述べるように、当時の朝鮮半島は後三国《ごさんごく》の戦乱が展開していた。地方社会では城主・将軍を自称する地方勢力が台頭してきていて、それら豪族たちが新羅王権の命令をゆがめたかたちで利用したものという推測も存在する（山内晋次「九世紀東アジアにおける民衆の移動と交流」）。後百済《こうひゃくさい》を立てた甄萱《けんけん》の勢力との関連を想定する考えもある（鄭淳一「寛平新羅わったのであろうか。それにしても、将軍となった「唐人」は、どのような経緯でこの「賊徒」に加海賊考」)。

なお、対馬には毎年、多くの兵力維持用物資が集積されており、それが新羅海賊にとってもっとも魅力的に感じられたと推測されている（鄭淳一「寛平新羅海賊考」）。

さて、十九日に至り、「賊徒」討伐が飛駅言上されたので、諸国に命じて軍士の警固を停止させている。十月六日にも、「新羅の賊船」退去が言上された（『日本紀略《にほんきりやく》』）。なお、『日本紀略』では、打ち殺した「新羅の賊」は二百余人とされている。

それにしても、総勢二千五百人のうちの二百余人から三百二人を射殺し、百艘のうちの十一艘を奪ったという段階で、警固を解除するという危機感覚は、あまりにも甘いと言うべきであろう。逃げ去った船がつぎには日本海沿岸のどこかを襲うかもしれないという可能性や、新羅からさらに大規模な戦闘集団が来襲するとは考えなかったのであろうか。

この「賊徒」の撃退に力があったのは、先ほども述べた弩であった。九世紀前半の承和から嘉祥年間に配備された新型の弩は、十世紀にはその使命を終えていたとされるが、この寛平年間には依然として戦闘に果たす役割は大きかったのであろう（関幸彦「平安期、二つの海防問題」）。

また、兵力の問題として、指揮官は守《かみ》・前守《さきのかみ》・郡司といった律令的軍制の枠組みの官人たち、兵士は陸奥・出羽《でわ》国から配置された俘囚《ふしゅう》（朝廷の支配に属するようになった蝦夷《えみし》）、戦闘形態は令制的軍団秩序による集団戦と推測されている。戦利品がヒト（首級《しゅきゅう》数）ではなくモノ（武器・武具）で表現されているのも、その一環であるという（関幸彦「平安期、二つの海防問題」）。対馬守文室善友は元慶七年（八八三）に俘囚の叛乱《はんらん》を鎮圧《ちんあつ》した人物であり、その関係で俘囚を戦力として配置したのであろう。

寛平七年（八九五）九月にも、壱岐島の官舎が賊のために焼亡されたことが言上されている（『日本紀略』）。

このように、新羅の入寇《にゅうこう》は、対外戦争にまで発展することはなかったとはいえ、九世紀の日本の国防問題に、つねにのしかかってきていたのである。

寛平六年の遣唐使《けんとうし》派遣の中止に「新羅の賊」の侵攻を主とする内外情勢の悪化に対する認識の変化があったと推定する考え（鈴木靖民「遣唐使の停止に関する基礎的研究」）は有力であるし、十世紀初頭の延喜《えんぎ》十四年（九一四）に三善清行《みよしのきよゆき》によって奏上された「意見封事《いけんふうじ》十二箇条《かじょう》」（『本朝文粋《ほんちょうもんずい》』）でも、国家が直面している軍事問題として、陸奥・出羽両国の「ややもすれば起こる蝦夷の乱」、大宰管内九国の「常に有る新羅の警」が挙げられている。偽《ぎ》籍《せき》の横行や班田収授《はんでんしゅうじゅ》の停滞、荘園整理《しょうえんせいり》などと並んで、対新羅問題が平安時代の日本に大きな課題として認識されていたのである。

これと軌を一にして、寛平九年（八九七）に宇多《うだ》天皇が醍醐《だいご》天皇への譲位に際して授けた『寛平御遺誡《かんぴょうのごゆいかい》』では、「外蕃《げばん》の人」との直接の対面を避けるよう訓示したように（寛平八年〈八九六〉に宋《そう》人と面会したことは誤りであったと言っている）、異国人との接触自体も穢であると認識されるようになった。後に後白河《ごしらかわ》法皇が福原《ふくはら》で宋人を接見《せっけん》した際には、貴族たちは「天魔《てんま》の所為《しょい》か」と記しておののいており（『玉葉《ぎょくよう》』）、その後、天皇が外国人と会うことは、明治《めいじ》天皇に至るまで見られなかった。

3　高麗来寇の噂

高麗の半島統一

その頃、朝鮮半島では、八九二年に南西部で甄萱《けんけん》が後百済《こうひゃくさい》を建国し、九〇一年には北部で弓裔《きゅうえい》が後高句麗《ごこうくり》を建国した。これ以降、半島は新羅《しんら》を含めた後三国《ごさんごく》時代を迎えることとなった。後高句麗では将軍の王建《おうけん》が九一八年に王に推戴《すいたい》された。王建は高句麗《こうくり》を継承する意味で、国号を「高麗《こうらい》」と改め、王都を開京《かいきょう》（現北朝鮮京畿道開城市）に定めた。

その後は高麗と後百済の抗争がつづいたが、九三五年に後百済で王位継承に関わる内紛が起こり、甄萱は高麗に亡命した。同年、新羅が高麗に帰順し、新羅は高麗に吸収された。この間、後百済は急速に弱体化し、九三六年に高麗の攻撃を受けて滅亡した。こうして朝鮮半島は、高麗によって統一されたのである。

九二六年に滅亡した渤海《ぼっかい》が高句麗の後継者であったと考えると（つまり新羅が朝鮮半島を統一しておらず、新羅と渤海の南北国時代であると考える立場に立つと）、これは史上はじめての朝鮮半島の統一と解釈することもできる。この解釈の当否はさておき、ここに半島は高麗によって、一三九二年まで四百五十年以上もつづく統一国家を誕生させたことになる。

高句麗の後継者を自称した高麗であったが、日本ではこれを新羅の後継者とみなした。そして新羅に対する敵国視もまた、高麗に対しても継承したのである。日本は高麗に対して強い不信感と警戒心、恐怖心を抱き、当面する外交問題に対応していった。

なお、中国では唐《とう》が九〇七年に滅亡し、以後は五代十国《ごだいじっこく》の分裂時代を経た後、九六〇年に趙匡胤《ちょうきょういん》が宋《そう》を建て、ふたたび統一された。首都は汴京《べんきょう》（現中国河南省開封市）である。

高麗の牒状

そうした対外認識のなか、事件は長徳《ちょうとく》三年（九九七）に起こった。時代は移り、日本では藤原道長《ふじわらのみちなが》政権が誕生した二年後、藤原伊周《これちか》・隆家《たかいえ》が失脚した翌年にあたる。

一方の高麗は九九三年から北方の契丹《きったん》の侵攻を受け、契丹に朝貢《ちょうこう》をはじめた。九九六年には契丹の冊封《さくほう》を受けるようになったが、ここで問題とする牒状《ちょうじょう》（同格の関係間の文書）がもたらされたのは、こうした国際情勢の下であったのである。

長徳三年五月、高麗から牒状が届けられた。石見《いわみ》国に漂着した高麗人を、食糧を供給して送還した際に日本から派遣された使者に対する返牒《へんちょう》の可能性が指摘されている（渡邊誠「平安貴族の対外意識と異国牒状問題」）。

そしてその文言は、「文章が旧儀《きゅうぎ》に違ううえに、その状の体は蕃礼《ばんれい》に背く」というものであった（『異国牒状記《いこくちょうじょうき》』）。宋の冊封体制からの離脱・断交についての記載も含む、国際情勢の変化についての記載もあったものと推定されている（渡邊誠「平安貴族の対外意識と異国牒状問題」）。

なお、牒状の内容は、後に十月の「高麗来寇《らいこう》の噂」に関わる陣定《じんのさだめ》（公卿議定《くぎょうぎじょう》）の内容から、高麗国内において日本人が後世の倭寇《わこう》のような行為をおこなうという事件があり、これを厳重に抗議し、その禁圧を求めたものであると推察されている。この日本人が、当初から略奪を目的として出かけた者か、あるいは貿易を目的として出かけたが取引がこじれて紛争になったものか、可能性は両様考えられる（石井正敏「日本・高麗関係に関する一考察」）。

六月十三日、「高麗の牒状に日本国を辱《はずかし》める文言があった」として、この牒状への対応を議す陣定が開かれた。これに先立つ十二日には、藤原実資《さねすけ》は、「高麗国使は日本国の人である」という大宰大弐《だざいのだいに》藤原有国《ありくに》の書状について知らされている（『小右記《しょうゆうき》』）。

議定の結果、返牒を送る必要がないこと、要害を警固《けいご》し、加えて内外の祈禱《きとう》をおこなうこと、北陸《ほくりく》・山陰道《さんいんどう》にも官符《かんぷ》を下して警固させること、高麗使となった大宰府《だざいふ》の人をふたたび高麗に渡航させずにその罪を勘申《かんじん》させること、越前《えちぜん》や鎮西《ちんぜい》（九州）に在留している宋人を送還すべきこと、などの意見が出された（『小右記』）。返牒を送らないという対応は、きわめて違例《いれい》のこととされる（渡邊誠「平安貴族の対外意識と異国牒状問題」）。

また、高麗からの牒状について、「高麗国の牒のようではない。これはもしかしたら大《だい》宋国《そう》の謀略か。そもそも高麗使は大宰府の人である」と言っている。国際情勢の変化に対する、これが王朝貴族の認識の限界なのであった。「特に越前にいた唐人《からびと》は、当国（日本）の衰亡《すいぼう》を見聞したのではないか。近都《きんと》の国に寄って来るというのは、謀略が無いわけではない。恐るべき事である」という発言（『小右記』）も同様である。

ともあれ、これでもともと敵国視していた高麗に対する警戒感が強まり、高麗が報復攻撃をしかけてくる可能性を恐れることになったのである（石井正敏「日本・高麗関係に関する一考察」）。

南蛮来寇の飛駅到来

そして十月一日、旬政《しゅんせい》の饗宴《きょうえん》の最中、大宰府が海賊の九州乱入を飛駅言上《ひえきごんじょう》してきた（『権記《ごんき》』『小右記』）。その際、近衛《このえ》官人が高声に叫んだ。「大宰府の飛駅が到来して云ったことには、『高麗国の人が対馬《つしま》・壱岐《いき》島を虜掠《りょりゃく》しました。また、肥前《ひぜん》国に着いて、虜領《りょりょう》しようとしています』と云うことです」と（『小右記』）。

高麗の来寇《らいこう》を叫んだのは、六月の一件があったことによる。上下の者は驚愕《きょうがく》し、三大臣（道長・藤原顕光《あきみつ》・藤原公季《きんすえ》）は度を失って紫宸殿《ししんでん》の階《きざはし》を降り、大宰大弐の書状を読んだ。公卿連中は大臣の所に進み向かい、はなはだ狼狽《ろうばい》した。実資は、「非常の事であるとはいっても、階下《かいか》に於いて三大臣が都督《ととく》（有国）の書状を開き読むなどとは、言うに足りない。下官（実資）は座を起たなかった」と、この対応を非難している（『小右記』）。

書状に記されていた内容は、『小右記』によると、「奄美《あまみ》島の者が海夫《かいふ》の宅を焼亡《じょうもう》し、財物を奪い取った。また、男女を舟に執り載せて、連れ去った。なおも海上に浮かび、犯行をおこなっている」というもの、『権記』によると、「南蛮《なんばん》の賊徒《ぞくと》が、肥前・肥後《ひご》・薩摩《さつま》国に到り、人や物を劫奪《ごうだつ》して侵犯《しんぱん》してきた」というものであった。なお、『日本紀略』では、「南蛮が管内の諸国に乱入した」とされているのに対し、『百練抄《ひゃくれんしょう》』では、「高麗国人が鎮西を虜掠した」と、高麗の仕業としている。

やり残した儀式の音楽や庭立奏《にわだちのそう》を即座に停止し、対策を議す陣定が開かれた（少納言《しょうなごん》が見参《げんざん》〈公卿の出席〉を唱える場所を、長時間にわたって議論した後ではあるが）。その際、「今日は朔日《ついたち》であるので凶事《きょうじ》を奏上《そうじょう》する事は便宜《びんぎ》が無い」と言った右大臣顕光の感覚は、特筆すべきものである。もちろん、「飛駅言上は至急の大事である。時を隔ててはならない」という実資の一喝で議定が開かれた（『小右記』）。開始時刻は、丑三剋（午前二時から二時半）であった（『権記』）。

高麗来寇の噂

大宰府の言上した解文《げぶみ》の詳細は、

奄美島の者が、船に乗って兵具《ひょうぐ》を帯び、国島の海夫を掠奪《りゃくだつ》した。筑前《ちくぜん》・筑後《ちくご》・薩摩・壱岐・対馬で、或いは殺害し、或いは放火した。人や物を奪い取り、多く海上に浮かべた。また、当国の人と処々に於いて合戦した際、奄美の人が矢に当たったことも、また何人もいた。但し当国の人が多く奪い取られたことは、すでに三百人に及んでいる。

というものであった(『小右記』)。また、この解文には、

「先年、奄美島の人が来て、大隅《おおすみ》国の人民四百人を奪い取り、同じく連れ去りました。その時、言上しませんでした。今、あの例に慣れて、自らこの犯を致したのでしょうか。そこで人兵を徴発し、要害を警固し、追捕《ついぶ》させたのです。もしその勤公《きんこう》が有ったならば、勧賞《けんじょう》を加えられますように」

という情報も語られている(『小右記』)。「先年」にも事件が起きているのに、大宰府はそれを中央に報告せず、中央でもそれを不問《ふもん》に付していることがうかがえる。さらに流言《りゅうげん》として、

「また、『高麗が同じく兵船《へいせん》五百艘《そう》を準備し、日本国に向かって、奸を致そうとしている』というのは、誠に浮言《ふげん》とはいっても、あれこれ云っているので、言上するところです」

と語っている（『小右記』）。高麗が、つねに日本に来寇する主体として念頭に置かれているのである。高麗からの報復を恐れていたところに、北九州に賊徒襲撃の報が伝わり、「すわ、高麗の来襲か」となったのであろう（石井正敏「日本・高麗関係に関する一考察」）。

議定の結果、要所の警固や賊の追討、神仏への祈禱、奉幣使《ほうべいし》の発遣《はっけん》、仁王会《にんのうえ》、太元帥法《たいげんのほう》、戦功者の褒賞《ほうしょう》などが定められた。また、事は頗《すこぶ》る軽事のようであるから、勅符《ちょくふ》ではなく官符を下すべきであるという結論にも達した（『小右記』『権記』）。

蔵人頭《くろうどのとう》の藤原行成《ゆきなり》はその結論を一条《いちじょう》天皇に奏聞《そうもん》しようとしたが、一条はすでに眠っていたので奏聞することはできず、翌二日になって奏聞し、一条はこれを裁可《さいか》した（『権記』）。「英主《えいしゅ》」と評価される一条の国際感覚も、なかなかのものである。

王朝貴族の対応

五ヵ国の沿岸が襲われて三百人の住民が拉致《らち》され、さらには高麗国の兵船五百艘が日本に向かっているという風聞《ふうぶん》を伝える解文の内容を考えれば、彼らの対応における危機感の欠如は驚くべきほどである。七世紀の白村江《はくそんこう》以来、長く外国と戦争をした経験のない彼らにとってみれば、「平和ボケ」も致し方ないところではあるが。なお、十一月二日に至って、四十余人を捕獲したとの飛駅使《ひえきし》が到来している（『日本紀略』）。

この後も南蛮人による九州襲撃はつづく。それらは夜光貝《やこう》などの交易《こうえき》をめぐるトラブルであったと考えられているが（山里純一「平安時代中期の南蛮人襲撃事件をめぐって」）、数百人の拉致した人びとを乗せる組織力と武器・船を所有していること、また正確な地理認識と交通知識などから、高麗系交易者たちとの連携、ないしは協力者として奄美島人と接触がある南九州に活動の場を持ち、対馬までの海上交通と船を熟知する交易者たちの存在を想定する考えもある（田中史生「九～十一世紀東アジアの交易世界と奄美諸島」）。

実際にはこの襲撃事件に高麗人が荷担《かたん》していたことがじゅうぶんに想定できるにもかかわらず、大宰府ではそれを噂に過ぎないと認識し、朝廷もきわめて低い危機意識しか持とうとしていない。このような感覚の国に対して、さらに大規模な侵攻がおこなわれたらどうなるか。二十二年後の「刀伊《とい》の入寇《にゅうこう》」で証明されることになる。

第六章　刀伊の入寇　十一世紀

1　刀伊の入寇

刀伊について

藤原道長《ふじわらのみちなが》の栄華《えいが》が絶頂に達した翌年の寛仁《かんにん》三年（一〇一九）、いわゆる「刀伊《とい》の入寇《にゅうこう》」が起こった。

刀伊というのは高麗《こうらい》語で高麗以東の夷狄《いてき》つまり東夷《とうい》に日本文字を当てたもので、もっぱら北方に境を接する東女真《ひがしじょしん》（東部満州《まんしゅう》のツングース系の民族。後に中国で金《きん》や清《しん》を建国することになる）のことを指していた。女真族はこの頃、しばしば高麗を掠奪《りゃくだつ》していて、この時も高麗の後で北部九州に向かったのであった（土田直鎮『王朝の貴族』）。

当時の中国では、北の遼《りょう》（契丹《きったん》）と南の宋《そう》（北宋《ほくそう》）が対峙《たいじ》していた。遼が女真と宋との交《こう》易路《えきろ》を遮断し、高麗を屈服させると、宋との全面戦争に突入した。宋との貿易が思うに任せぬ女真は、高麗国内の混乱に乗じ、その一部が海賊化して半島東部を荒らしまわるようになったのである。「積極的孤立主義」を選んだ平安《へいあん》日本も、激動の北東アジア史に組み込まれていったことになる（吉川真司「アジア史から見た女真海賊事件（刀伊の入寇）」）。

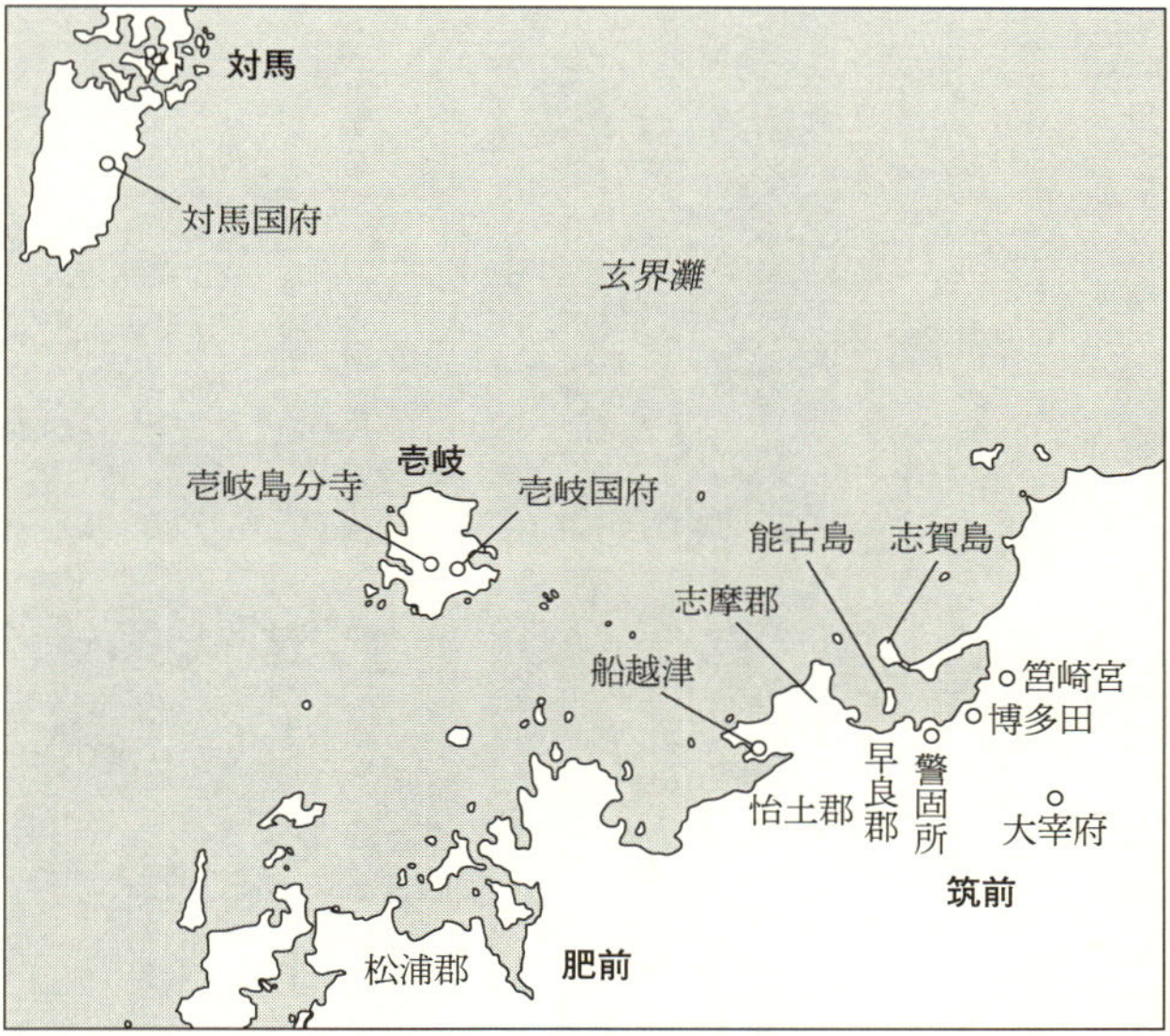

「刀伊の入寇」関係地図（倉本一宏『藤原伊周・隆家』を基に作成）

もちろん、刀伊族の侵攻を撃退したに過ぎないこの戦闘を、国家と国家の間に起こった対外戦争とみなすわけにいかないのは、言うまでもない。

「入寇」の推移

寛仁三年、刀伊が九州に来寇《らいこう》した。この大事件は『小右記《しょうゆうき》』の四月十七日条から十二月三十日条まで、および『朝野群載《ちょうやぐんさい》』所収「寛仁三年四月十六日大宰《だざい》府解《ふげ》〈「撃取刀伊国賊徒状《げきしゅといこくぞくとじょう》」〉」によって詳細が知られるが、九州で起こった事態の日付と、それを文書《もんじょ》に作って言上《ごんじょう》した日付、また京都にそれが届いた日付が交錯《こうさく》して、時間軸がまことにわかりにくい。以下、事態の推移に沿って並べ替え、解説していくことにしよう（以下、倉本一宏『藤原伊周・隆家』）。

（上）対馬・厳原
（中）対馬・銀穴
（下）壱岐・内海

・三月二十八日　賊船五十余艘《そう》が対馬《つしま》・壱岐《いき》島に襲来し、殺人・放火をおこなった。対馬《つしまの》

壱岐島分寺跡

守《かみ》（大春日《おおかすが》か）遠晴《とおはる》は逃れて大宰府に状況を申上したが、壱岐守《いきのかみ》藤原理忠《まさただ》は殺害された。対馬島は銀穴《ぎんけつ》を焼損《しょうそん》された他、殺害された人が十八人、拉致《らち》された人が百十六人。壱岐島は殺害された人が百四十八人、拉致された人が二百三十九人で、生き残ったのは国司《こくし》九人、郡司《ぐんじ》七人、百姓《ひゃくせい》十九人の計三十五人に過ぎなかった。焼亡《じょうもう》された住宅は四十五宇《う》、食われた馬牛百八十九疋頭という被害であった。

・**四月七日**　遠晴、および壱岐島分寺《とうぶんじ》講師常覚《こうじじょうかく》（三度にわたって賊徒を撃退した僧）が大宰府に到着、大宰府は対馬・壱岐島の被害状況について解文《げぶみ》を作成し、飛駅《ひえき》言上した。「船の長さは八尋《ひろ》から十二尋（平均一五メートル）、一船に櫂《かい》が三、四十あり、五、六十人が乗っていて、人ごとに楯《たて》を持ち、前陣《ぜんじん》の者は鉾《ほこ》、次陣《じじん》は大刀《たち》を持っていた。その次陣は弓箭《きゅうせん》の者であった。十から二十隊が山野を駆けめぐり、馬牛を斬っては食い、犬肉も食う。老人児童はすべて殺し、男女を船に追い載せ、穀物《こくもつ》を運び取る」と。

大宰権帥《だざいのごんのそち》藤原隆家《たかいえ》もこの日、懇意《こんい》の藤原実資《さねすけ》に私信《ししん》を

能古島

認《したた》め、飛駅使《ひえきし》に託した。その書状にはただ一行、「刀伊国の者五十余艘が対馬島に来着《らいちゃく》し、殺人・放火しています。要害を警固《けいご》します。兵船《へいせん》を差し遣わし、大宰府は飛駅で言上します」と書かれていた。

この日、賊船は筑前《ちくぜん》国怡土《いと》郡（現福岡市の西部と糸島市の一部）に上陸し、殺害四十九人、拉致二百十六人、馬牛三十三疋頭という被害を出していた。

じつに有史以来、日本が外国勢力に大規模に侵攻されたのはこれがはじめてで、以降も鎌倉《かまくら》時代の蒙古《もうこ》襲来《しゅうらい》、そのつぎは太平洋戦争の空襲までないのであるから、いかに重大な出来事であったかがわかる。

賊徒は志摩《しま》郡（現福岡市の西部と糸島市の一部）と早良《さわら》郡（現福岡市の南西部）に侵攻し、それぞれ殺害百十二人と十九人、拉致四百三十五人と四十四人、馬牛の被害七十四疋頭と暴れまわった。

日本側では、志摩郡の住人文室忠光《ふんやのただみつ》以下、召集《しょうしゅう》された兵士が防戦し、忠光の矢に数十人が当たった。忠光は賊徒の首や兵器を進上した。

・**四月八日**　大宰府はこの日も解文を作成し、飛駅言上した。「刀伊国が筑前国那賀《なか》郡能《の》古《こ》島（現福岡市の博多湾に浮かぶ島）を襲撃したが、敵対することができない。賊船は速さが隼のようである。帥（隆家）が軍を率いて警固《けいご》所《しょ》（貞観《じょうがん》十一年〈八六九〉の新羅《しんら》の入寇の後に鴻臚《こうろ》館《かん》に付設した鴻臚中島《なかじま》館として造られた防衛施設。福岡市中央区城内、後に福岡《ふくおか》城が築かれた赤坂《あかさか》山）に到り、合戦する」というものである。

また、隆家は室に宛てた書状を書き、飛駅使に託した。「あの異国《いこく》船は能古島〈大宰府の警固所から距離は短い。〉に来着した」というものである。

この日、賊徒は能古島に来襲し、拉致九人、馬牛六十八疋頭の被害を出した。死者がいないのは、日本側の抵抗が強かったうえに、住民がすでに避難したためであろう。

・**四月九日**　刀伊は博多田《はかた》（現福岡市博多区）に来襲した。警固所を直接、攻撃しようとしたのであろう。急いで大宰府兵を徴発することはできず、平為忠《たいらのためただ》や同為方《ためかた》を首として合戦をおこなった。異国軍は多く射殺されたが、戦場に留めず、船中に持ち入った。また、戦場に棄《す》て置かれた者や生虜《いけどり》となる者もいた。兵具・甲冑《かっちゅう》を奪取した。賊船中の刀伊人のなかには、新羅（高麗）国人もいた。箭《や》の長さは一尺ほどと短かったが、射力は強く、楯のなかの人をも穿《うが》った。ただ、大宰府軍で射殺されたのは下人《げにん》ばかりで、将軍は射られなかった（単に後方にいただけであろうが）。

筥崎宮・「敵国降伏」扁額

船のなかには拉致された対馬・壱岐島の人もいて、「馬を馳せかけて射よ。臆病《おくびょう》は死にたり」と叫んだ。そこで大宰府軍が馳せ進んで射たところ、刀伊人は鏑矢《かぶらや》の音に恐れ、遁走《とんそう》して船に帰り乗った。その際、対馬・壱岐島の人の多くは船から下り、博多田に逃げることができたが、子どものなかには簀巻《すまき》にされて博多田津（現福岡市中央区那の津）に落とされた子もいた。逃れた人は、刀伊人が食人《しょくじん》をおこなっていたことを告げた。

同じ日、刀伊人は筥崎《はこざき》宮（現福岡市東区箱崎）を焼こうとしたが、大宰府兵が前行兵一人を射殺したところ、驚いて船に乗り、逃遁《とうとん》した。

・四月十日・十一日　二日間は北風が猛烈で、刀伊人も上陸できず、海中に逗留《とうりゅう》した（「神明《しんめい》の為す所か」としている）。その間、大宰府では兵船三十八艘を造営して追襲《ついしゅう》させたところ、刀伊人は本州（朝鮮半島）を指して遁去《とんきょ》した。大宰府兵船二十余艘は勝ちに乗じて追撃したが、隆家は、「先ず壱岐・対馬等の島に到るように。日本国境に限って襲撃せよ。新羅（高麗）国境に入ることのないように」と誡《いまし》めている。

・**四月十一日**　未明に刀伊人は筑前国志摩郡船越津《ふなこしのつ》（現糸島市志摩船越）に現われたが、すでに精兵《せいへい》が待ち受けていた。

船越津

・**四月十二日**　酉剋（午後五時から七時）に上陸してきたが、合戦の結果、矢に当たった賊徒が四十余人、捕虜《ほりょ》が二人、その中の一人は女であった。前大宰少弐《さきのだざいのしように》平致行《むねゆき》以下が船三十余艘で追撃した。

・**四月十三日**　刀伊人は肥前《ひぜん》国松浦《まつら》郡（現佐賀県唐津市から長崎県佐世保市）に到り、劫掠《ごうりゃく》をおこなった。前肥前介《さきのひぜんのすけ》源　知《みなもとのさとる》が郡内の兵士を率いて合戦し、矢に当たった賊徒が数十人、捕虜が一人という戦果を得た結果、海の向こうに帰って行った。

・**四月十六日**　大宰府は解文を作成し、各地での戦闘や被害の状況、賊徒を撃退し、若干を捕虜にしたこと、すでに危機は去ったことなどを記して飛駅言上した。

大宰府政庁跡

隆家も実資に書状を認め、これも飛駅使に託した。「異国人は去りました」と。

鎮西の武者たち

こうして日本の危機は去っていった。大宰府の前任者を含む府官《ふかん》と北部九州の在地豪族を把握してきた隆家の人望と、果断《かだん》にして的確な処置によって、被害を最小限に食い止めたと称すべきであろう。

特に、人兵・舟船ともに不十分のまま苦戦を強《し》いられたものの、最終的に刀伊を撃退した隆家指揮下の「府の止《や》むこと無き武者等（大宰府の立派な武者たち）」の存在を重視すべきである。彼らはほとんどが大宰府官の経験者であるという（関幸彦「『寛仁夷賊之禍』と府衙の軍制」）。

そしてそれらを取りまくかたちで在地住人系の武士が臨時的武力を構成しており、地方版「兵《つわもの》の家」が形成されているとの指摘もある。この段階での軍事編成は個人レベルでの力量が重要な意味を持ちはじめており、武功《ぶこう》を示す基準が敵軍の首級《しゅきゅう》の数として位置づけられている。この戦闘で中世的な伏竹弓《ふせたけゆみ》（木弓の外側に竹を魚膠《にべ》で貼り付け、籐弦《とうづる》などを幾重にも巻いたもの）などの合成弓が用いられ、騎射《きしゃ》戦を中心とする中世的戦闘形態に移行していると考えられていることとあわせ（関幸彦「平安期、二つの海防問題」）、もうすでに在地においては、中世がすぐ近くにまで来ていたことになる。

また、大蔵《おおくら》氏流の原田《はらだ》氏、平氏（為賢《ためかた》）流の阿多《あた》氏をはじめ、中世の鎮西《ちんぜい》武士団のほとんどが、「刀伊の入寇」の際に隆家の指揮下で活躍した武者の子孫であった（野口実「藤原隆家」）。

南北朝時代に懐良《かねよし》親王を擁した肥後《ひご》国の豪族菊池《きくち》氏のように、祖先にあたる藤原政則《まさのり》（蔵規《くらのり》）を隆家の子息として結びつけ、隆家の後裔《こうえい》を自称したものもいる。いかにこの戦闘における武士の動員と、刀伊の撃退が、画期的な武力的事件として、現地で語られつづけてきたかを示していると言えよう。

なお、四月十日・十一日の二日間、北風が猛烈で刀伊人が上陸できず、海中に逗留したことに関して、人びとが「神明の為す所か」と語り合ったということは、後世の「神風《かみかぜ》」思想（神話）と考えあわせると興味深い。

2　京都の公卿の対応

九州で武者たちが決死の覚悟で刀伊《とい》と戦っていた頃、京都の公卿《くぎょう》連中は、どのような対応を見せていたのであろうか。彼らがこの第一報に接したのは、四月十七日のことであった。これも時間順におおよそを述べておこう（『小右記《しょうゆうき》』）。

公卿社会の対応

・**四月十七日**　小除目《こじもく》（臨時の官職任命の政務的儀式）の最中、大宰府《だざいふ》からの飛駅使《ひえきし》が到来した。藤原実資《ふじわらのさねすけ》の許にも、藤原隆家《たかいえ》からの書状が届いた。内容は、先に見たとおり。

・**四月十八日**　召しを承けた実資は藤原道長《みちなが》と意見を調整した後、参内《さんだい》して陣定《じんのさだめ》に臨もうとしたが、もう議定《ぎじょう》は終わっていた。陣定の上卿《しょうけい》であった藤原公季《きんすえ》が実資に解文《げぶみ》を見せ、意見を聞いた。陣定では、要害の警固《けいご》、賊徒の追討、有功者《ゆうこうしゃ》の行賞《こうしょう》、種々の内外の祈禱《きとう》、山陰《さんいん》・山陽《さんよう》・南海道《なんかいどう》の警固をおこなうことが決まっていたが、実資の意見によって北陸道《ほくりくどう》が加えられた。また、飛駅《ひえき》に「奏《そう》」（天皇への言上《ごんじょう》）の字がなかったことを指摘することとなった。

・**四月二十日**　人びとは大宰府から追っての飛駅が来ないことを怪しみ憤《いきどお》っていたが、一方では道長は二十二日に迫った賀茂祭《かものまつり》を桟敷《さじき》で見物することを決定した。

・**四月二十一日**　「異国凶賊《いこくきようぞく》が鎮西《ちんぜい》に来着《らいちやく》した事」によって、諸社に奉幣使《ほうべいし》を出立《しゆつたつ》させた。摂政《せつしよう》藤原頼通《よりみち》の賀茂詣《かももうで》も延期された。なお、刀伊の来寇《らいこう》によって、都の行事に変更があったのは、このことだけである。賀茂祭も翌二十二日に予定どおりおこなわれた。

・**四月二十五日**　十六日付の大宰府解が隼船《じゆんせん》（早船《はやぶね》）に乗って京上《きようじよう》されてきた。これで危機が去ったことを都の公卿（の一部）が知ったことになる。
また、壱岐《いき》島で捕えた捕虜《ほりよ》の一人を連行してきて、山崎《やまさき》（現京都府乙訓郡大山崎町）に留めているとの報があったが、これは「大虚言《だいきよげん》」であった。

・**四月二十六日**　大宰府解を天皇に奏上《そうじよう》しようとしたが、頼通をはじめ病悩や物忌《ものいみ》の者が多かったため、翌日に延期された。

・**四月二十七日**　大宰府解の内容を議定する陣定が開かれたが、見参《げんざん》した公卿の数が少ないというので、大納言を召し遣わした後に定め申した。その結果、捕虜三人の国籍が刀伊なのか高麗《こうらい》なのかが不明なので、決定して大宰府に言上すべきこと（まだ高麗国の来寇を疑っているのである）、捕獲した兵器や捕虜は京に進上する必要がないこと、筑前四王寺《しおうじ》で御修法《みしほ》を修すべきこと、対馬島司《つしまとうじ》（大春日《おおかすが》か）遠晴《とおはる》を防護をつけたうえで早く本島に遣わすべきこと、壱岐守《いきのかみ》藤原理忠《まさただ》が殺害されたことが解に記されていないことを指摘すること、防人《さきもり》と兵糧《ひょうろう》の糒《ほしいい》を準備すべきこと、が決定された。

・**五月三日**　大宰府への報符《ほうふ》に、寛平《かんぴょう》五年（八九三）に新羅《しんら》海賊を追討した際の例に倣《なら》って、「農業を懈怠《けたい》しないように」との文言を加えた。

・**五月四日**　同じく報符の文言のうち、「奸猾襲来《かんかつしゅうらい》」を「奸猾来侵《らいしん》」に改め、請印《しょういん》（文書《もんじょ》に内印《ないいん》〈天皇御璽《ぎょじ》〉を捺《お》すことを請う儀）して大宰府に下された。

・**五月二十四日**　十日付の隆家の書状が実資に届いた。「刀伊賊を追討した兵船《へいせん》が未だ帰来していません。壱岐から対馬に向かったらしいのですが、その後は連絡がありません。皆、大宰府の立派な武者たち（『府の止《や》むこと無き武者等』）です。はなはだ嘆くところです。但し兵船・兵器を造らせ、要害警固に勤行《ごんぎょう》させます」というものであったが、危機の去った京では、現実感をもって受けとめられることはなかった。

・**六月二十九日**　大宰府が注進《ちゅうしん》した勲功者《くんこうしゃ》の処遇を議す陣定が開かれた。大宰府からは十一人の勲功者（大宰府に直結する前府官系武士＋「住人」を冠する在地武士）が上申《じょうしん》されたが、問題となったのは、彼らにどのような行賞をおこなうかではなく、そもそも彼らに行賞をおこなう必要があるのかどうかであった。

どういうことかと言うと、勲功が有る者に賞を進めるということを四月十八日付で勅符《ちょくふ》に載せたとはいっても、戦闘はすでに四月十三日に終わっており、勅符が未だ到らない前に勲功を立ててしまったからであるという、信じがたい理由によるものであった。藤原公任《きんとう》と藤原行成《ゆきなり》という、当時を代表する有能な公卿は、行賞をおこなうべきではないという意見を述べた。しかし実資が、「勅符が到ったかどうかを論じてはならない。たとえ行賞を募《つの》っていなくとも、勲功が有れば賞を賜うことに何事が有ろうか。寛平六年（八九四）に『新羅の凶賊』が対馬島に到り、島司文室善友《ふんやのよしとも》が撃退した時にも賞を給わった。まして今回は、刀伊人が人民千余人を拉致《らち》し、数百の人や牛馬を殺害し、また壱岐守理忠を殺した大事件である。それを追い返し、刀伊人を射殺したのであるから、やはり賞が有るべきである。もし賞を与えなければ、今後は奮戦する者がいなくなるであろう」と、至極当然の意見を述べると、藤原斉信《ただのぶ》がそれに同調した。その後、公任と行成はじめ次席の者も同じ意見となった。

その他、捕虜に拷訊《ごうじん》を加え、結果を言上すべきこと、漂着した高麗人も重ねて尋問すべきこと、祈禱をおこなうことが決定された。

・**七月十三日**　除目《じもく》がおこなわれ、前大宰少監《さきのだざいのしょうげん》大蔵種材《おおくらのたねき》が理忠の後任の壱岐守に任じられた。この種材は、刀伊人が退却した際に、兵船を造るのを待って追撃しようという大《だ》宰少弐《ざいのしように》の意見に対し、「自分は功臣《こうしん》（藤原純友《すみとも》の乱の際に追捕《ついぶ》南海西海凶賊使《なんかいさいかいきょうぞくし》として博多《はかた》で奮戦し、その功で対馬守《つしまのかみ》に任じられた大蔵春実《はるざね》）の孫で齢は七十歳を過ぎているので、命を棄《す》てて身を忘れ、一人で先ず進発《しんぱつ》する」と言って追撃した人物である。また、高田牧司《たかだのまきし》で大宰《だざいの》大監《だいげん》であった藤原蔵規《くらのり》（菊池《きくち》氏の祖）が「刀伊の賊の賞」によって対馬守に任じられた（『除目大成抄《じもくたいせいしょう》』〈『大間成文抄《おおまなりぶみしょう》』〉）。

しかし、今回の事件で行賞を得たのは、史料に残る限りではこの種材と蔵規だけであった。この二人にしても、刀伊に殺された壱岐守や敵前逃亡した対馬守の後任という辺要《へんよう》国の島司というのでは、他の勇者の行賞も大したことはなかったはずである。

なお、もともと、大宰府から上申された十一人の勲功者には隆家の名はなかったが、それは行賞を配下の武者たちに譲ろうとしたものか、はたまた何も言わなくても自分には行賞があると信じていたからなのであろうか。しかし、当然のように隆家には何の行賞もなかった。

長岑諸近の渡海

その同じ七月十三日、隆家は実資に宛てた書状に添えて、大宰府解および多治《たじ》比阿古《ひのあこ》見《み》・内蔵石女《くらのいわめ》の申文《もうしぶみ》を進上した。解の内容は、対馬で刀伊に略取《りゃくしゅ》されながらも六月十五日に独り脱走し、国禁を犯して海外密航をおこなって高麗に向かった対馬判官代《つしまのはんがんだい》の長岑諸近《ながみねのもろちか》がもたらした情報と、その申請であった（『小右記』）。

諸近は拉致された母や妻子の消息を知りたくて高麗に向かったのだったが、高麗に救助された日本人拉致者から聞いたのは、伯母《おば》をのぞく全員が海に投げ込まれて殺されていたという悲報であった。刀伊は屈強な高麗人を拉致すると、船中の病者や弱者を海に投げ捨てたのである。諸近の嘆きは想像に難《かた》くないが、つぎの問題はどうやって日本に帰るかであった（『小右記』）。

朝廷はまだ、高麗の関与を疑っている。厳制《げんせい》を犯したうえにその高麗から帰ってきたというのでは、スパイを疑われても仕方がない。そこで諸近は高麗にいた元拉致者の女性十人を連れて、七月七日に対馬に戻ってきたのであった（『小右記』）。

対馬島司は一行を大宰府に送り、大宰府は渡海《とかい》の禁を維持するために諸近を禁固に処したうえで、七月十三日付の解を作成し、高麗使の到着を待たずに朝廷に言上したのであった（『小右記』）。この解の到来によって、朝廷はようやく高麗の来寇ではなかったことを知ったのである。

事件の顚末

なお、多治比阿古見・内蔵石女の申文の方には、退却後の刀伊の動静が語られている。高麗沿岸につくと、刀伊は毎日、未明に上陸して掠奪《りゃくだつ》をはたらき、昼間は島影に隠れ、強《きょう》壮《そう》な者を選んで老衰《ろうすい》の者を打ち殺し、病者や弱者を海に投げ入れ、夜になると漕ぎ去ったというのである（『小右記』）。

五月中旬に高麗の巨大な兵船数百艘が朝鮮半島北部の元山《げんさん》（現北朝鮮江原道永興湾）沖に襲来し、刀伊の船を破壊したので、刀伊は船中の捕虜を殺害したり海に投げ入れたりした。阿古見と石女も海に投げ込まれたが、高麗の船に助けられて蘇生《そせい》した（『小右記』）。

そして高麗で厚遇を受け、十五日かかって金海府《きんかいふ》（現韓国慶尚南道金海市）に到着して帰国の時を待っていたというのである。金海府には三百人の日本人拉致者が集められているが、これは高麗が送還してくれるとのことである（『小右記』）。

なお、その後の諸近の処分は不明であるが、それほど重い処分を受けなかったことを願いたい。「府の止むごと無き武者等」の消息も、史料には残されていない。

高麗国虜人送使

さて、九月四日に高麗国の虜人送使《りよじんそうし》鄭子良《ていしりよう》が、拉致者二百七十人余りを連れて対馬に到着したことが大宰府に知らされた（『小右記』）。

その処置に関する陣定は、九月二十二日に開かれた。高麗使を大宰府に召問《しようもん》して事情を聞き、それまでは疑いを持つべきこと、大宰府解には「刀伊国」とあったのに高麗国牒《ちよう》には「女真国《じよしん》」とあることの事情を大宰府に聞くこと、この度は飛駅言上すべきなのに通常の脚力《かくりき》（馬を使う必要のない一般の用件の使者）で言上したために日数がかかったことを大宰府に詰問《きつもん》すること、が決められた。あいかわらずの形式主義である（『小右記』）。

大宰府は高麗使召問の日記を進上し、それは大晦日の十二月三十日に朝廷に届いた。対馬からわざわざ大宰府に向かった高麗使の船のうち、三十人を載せた船が沈んで二艘がわずかに到着したとのことであった（『小右記』）。高麗は日本に友好的に対応しているにもかかわらず、日本側が警戒心と猜疑心《さいぎしん》に満ちた対応をおこなった（村井章介『東アジアのなかの日本文化』）結果が、これであった。

そもそも実資が、「新羅は元敵国である。国号の改変が有ったとはいっても、なお野心が残っていることを嫌う」（『小右記』）と記している心情こそ、王朝貴族の対朝鮮観なのであった。

大臣欠員騒動

以上が事件の概要であるが、じつはこの時期、京都の公卿のあいだでもっぱら話題になっていたのは、六月九日にはじまった、実資や藤原道綱《みちつな》・藤原教通《のりみち》・斉信、そして道長を巻き込んだ大臣欠員《けついん》騒動なのであった（倉本一宏「『小右記』に見える大臣闕員騒動」）。

死者三百六十五人、拉致者千二百八十九人（そのうち、一千人近くが海に投げ込まれて殺され、三十人が対馬から大宰府に向かう途中で遭難した。もしかしたら刀伊に食われた人もいたかもしれない）、殺された馬牛三百八十疋頭という甚大な被害にもかかわらず、公卿たちは、荒廃した北部九州をどう回復するかとか、帰ってこない日本人をどうやって帰還させるかとか、何より侵略をおこなった外国に対してどのような外交措置を取るかとかに関して、ほとんど対策を講じてはいない。

事件の判断にはすべて朝廷が関与しており、朝廷は事件にも地方統治にも大いに関心を持っていたという理解（森公章「刀伊の入寇と西国武者の展開」）もあることは承知しているが、それでもやはり、かつて土田直鎮氏が語られたように、たしかにこの事件に対する公卿の関心は薄く、その対応は的確さに欠けており、当時の政治はだらしのない、しまりのないものだという感が強い（土田直鎮『王朝の貴族』）。

しかしそれにしても、この時に来襲したのが刀伊で、鎌倉《かまくら》時代に来襲したのがモンゴルであったことは、日本にとっては幸いなことであった。もしも平安《へいあん》貴族の時代にモンゴルが来襲していたとしたら、とてもこれを撃退することはできず、日本列島はモンゴルによって苦もなく占領されていたことであろう。その後、日本がどのような歴史をたどったかは、想像すらできない。

対高麗観の醸成

時は降って承暦《しょうりゃく》三年（一〇七九）十一月、高麗から王文宗《ぶんそう》の風疾《ふうしつ》（中風《ちゅうふう》）を治療するための医師を派遣して欲しいとの要請がもたらされた。それに対し朝廷は、翌承暦四年（一〇八〇）四月になってやっと議定をおこなったが、「治療に効果がなければ日本の恥になる」ということで、派遣すべからずとの意見が多数を占めた。関白《かんぱく》藤原師実《もろざね》には故頼通が派遣すべからずと諭《さと》した夢想《むそう》まであった（『水左記《すいさき》』『師記《そちき》』）。「高麗王が病死しても、日本には何の問題もない」などという意見を伝える史料もある（『続古事談《ぞくこじだん》』）。

その結果、高麗の牒状《ちょうじょう》の文言や形式の違例《いれい》や無礼《ぶらい》を指摘するかたちで門前払いの措置を取ったのである（『水左記』『帥記』）。承暦四年十月のことであった。高麗の史書『高麗《こうらい》史《し》』には、このやりとりに関する記録はない。

また、平安時代末期の応保《おうほう》二年（一一六二）頃に九条伊通《くじょうこれみち》が著わして二条《にじょう》天皇に献上した『大槐秘抄《たいかいひしょう》』に、高麗に対する認識を記した箇所がある。

1．大宰帥《だざいのそち》や大弐《だいに》に武勇の人が任じられると、必ず異国（高麗）が怒る。
2．高麗は神功皇后《じんぐうこうごう》が自ら征伐した国であり、その復讐《ふくしゅう》をしたいと思っている。しかし、日本は神国《しんこく》であるから、高麗も隣国《りんごく》（宋《そう》）も怖《お》じて果たせないでいる。
3．鎮西には敵国（高麗）の人が多く集まる。日本からは対馬国の人が高麗に渡航している。それらはみすぼらしい商人で、品物も貧弱でみっともない。高麗に侮《あなど》られてしまうので、渡海の制が定められている。
4．異国の法は政治が乱れる国を討ち取るものであるが、鎮西は隣国を恐れるように格《きゃく》に、（以下、欠）

これらを通じて、高麗がいつか襲ってくるのではないかとの警戒心、高麗に軽侮《けいぶ》されることをいさぎよしとしない意識が強く表わされている（石井正敏「日本・高麗関係に関する一考察」）。そしてこれらの意識は、はるか後世にまで受け継がれていったのである。

終　章　戦争の日本史

以上が日本古代における対外戦争と、外国勢力の侵攻に対する対応である。以下に、近代の対外戦争を考えるための前提として、中世と近世における代表的な戦闘である蒙古襲来《もうこしゅうらい》（「元寇《げんこう》」）と文禄《ぶんろく》・慶長《けいちょう》の役（壬辰倭乱《じんしんわらん》）について簡単に述べておきたい。ただし、蒙古襲来は侵攻してきた外国勢力を撃退した戦闘に過ぎず、かつ戦闘に参加したのが九州に所領を持つ幕府《ばくふ》御家人《ごけにん》を中心としていて（呉座勇一『戦争の日本中世史』）、必ずしも全国の武士全体、ましてや朝廷《ちょうてい》に連なる者が参戦していたとは言いがたかったので、ここでは国家間の対外戦争とはみなさないことにする。これらの戦闘を眺めた後で、近代日本がなぜ突然、アジアへの侵略をはじめたかについて、個人的な見通しを述べることにしたい。

なお、その間の十四世紀から十六世紀にかけて、倭寇《わこう》が朝鮮半島から中国沿岸を襲いまわったが、これは国家間の戦争ではなく、加えて特に後期倭寇は中国人が多数を占め、必ずしも日本人だけによって構成されたものではないため（前期倭寇もある時期からは高麗人が主体となっていた）、ここでは除外する。李氏朝鮮《りしちょうせん》も倭寇撃退を名目にして対馬《つしま》に侵攻したが（「応永《おうえい》の外寇《がいこう》」）、これも局地的な報復戦であるために除外する。

また、慶長《けいちょう》十四年（一六〇九）の薩摩《さつま》藩による琉球《りゅうきゅう》国（当時は外国ではあったが）侵攻、および長禄《ちょうろく》元年（一四五七）のコシャマインの戦い、寛文《かんぶん》九年（一六六九）のシャクシャインの戦い、寛政《かんせい》元年（一七八九）のクナシリ・メナシの戦いなどのアイヌとの戦闘については、対外戦争とはみなさず、この本では扱わないこととする。

1　蒙古襲来　十三世紀

モンゴルからの手紙

宋《そう》（北宋《ほくそう》）は女真《じょしん》族の金《きん》によって一一二六年に滅亡したが、その金もテムジン（後のチンギス・カン）によって一二〇六年に統一されたモンゴル帝国によって、一二三四年に滅亡した。モンゴル帝国第五代皇帝《こうてい》に即位したクビライ（フビライ）は、一二七一年に国号を大元《だいげん》（元《げん》）と改め、首都をカラコルム（現モンゴル国ウブルハンガイ県）から大都《だいと》（現中国北京市）に遷《うつ》している。

ここに、北宋が滅亡した後の一一二七年に南京《なんけい》（現中国河南省商丘市）で再興された南宋《なんそう》と元が南北に対峙《たいじ》することとなった。なお、南宋は一一三八年に臨安府《りんあんふ》（現中国浙江省杭州市）に遷都《せんと》している。

この南宋と日本は、北宋の時代以来、盛んに大規模な交易《こうえき》をおこない、入宋僧《にっそうそう》を介した外交を展開していた（榎本渉『僧侶と海商たちの東シナ海』）。このことが、後の蒙古襲来《もうこしゅうらい》に少なからぬ影響を与えてしまったことは、じゅうぶんに考えられるところである。

そのモンゴルから、文永《ぶんえい》五年（一二六八）以来、何次にもわたって日本に和好《わこう》を招諭《しょうゆ》する国書と高麗《こうらい》の添状《そえじょう》がもたらされた。当時、モンゴルはユーラシア大陸を股にかけた征服活動を展開していたが、この一二六八年が南宋への本格的な攻撃が開始された年であったこととの関連に注目すべきであろう。すでにモンゴルの支配下にあった高麗は、日本への遣使が無益であることを説いていたが（戦争となれば軍事貢献を強《し》いられるからである）、クビライは聞く耳を持たなかった。

モンゴルの国書には、「日本は開国以来、時に中国と通交している」とか、「今からは問を通じ好を結んで、互いに親睦《しんぼく》しよう」とか、「兵を用いるのは誰が好むであろう」と、友好的な文言が並べられていた。クビライは中国王朝の後継者として、日本が不臣《ふしん》の朝貢《ちょうこう》国《こく》となって円満な通交関係を結ぶことを求めていた可能性もある（田中健夫「十四世紀以前における東アジア諸国との関係」）。ただ、モンゴルに服属していれば南宋への侵攻作戦に参加するよう命じられたであろうという推測もある（呉座勇一『戦争の日本中世史』）。

しかし、これを見て議定《ぎじょう》した京都の朝廷では、「異国の賊徒が本朝《ほんちょう》に来る」「国家の珍事大事である」「万人は驚嘆する他はない」と、異国賊徒の襲来を予感している（『深心院関白《しんしんいんかんぱく》記《き》』）。古代以来の異国観が、本能的にこのような認識をもたらしたのであろう。返書の草案（「太政官返牒《だいじょうかんへんちょう》」）では、「日本は神国《しんこく》なので力で屈服させようとすべきではない」などと主張している（『本朝文集《ほんちょうぶんしゅう》』）。

一方、本来は外交を担当する政権ではなかったはずの幕府の方は、宋からの渡来僧《とらいそう》や商人から国際情勢に関する情報を得ており、正確な国際認識に立って、「蒙古人が凶心《きょうしん》を挿《はさ》んで本朝を窺う」から用心せよと御家人に通達している（新井孝重『蒙古襲来』）。

文永合戦

いよいよ文永十一年（一二七四）正月、クビライは高麗に艦船《かんせん》の製造を命じ、五月には大小九百艘《そう》を建造し終えた。兵力は蒙古族・漢《かん》族・契丹《きったん》族・女真《じょしん》族の混成軍が一万五千人（『元史《げんし》』）から二万五千人（『高麗史《こうらいし》』）、高麗軍が八千人。もちろん、誇張を含む数である。

彼らは十月三日に合浦《がっぽ》（現韓国慶尚南道昌原市馬山合浦区）を進発《しんぱつ》し、五日、対馬《つしま》の佐須《さす》浦（現長崎県対馬市厳原町小茂田浜）に着岸した。八十騎で応戦した地頭《じとう》の宗助国《そうすけくに》は討死した。

モンゴル軍は二手に分かれ、壱岐《いき》と松浦《まつら》（現佐賀県唐津市から長崎県佐世保市）をめざした。壱岐では浦海《うろうみ》海岸・天ケ《あまが》原《はら》・湯《ゆ》ノ本《もと》といった西岸から上陸して守護代《しゅごだい》平景隆《たいらのかげたか》や平内経隆《へいないつねたか》たちを倒し、松浦では松浦党の武士を蹂躙《じゅうりん》した（新井孝重『蒙古襲来』）。

（上）対馬・小茂田浜
（下）壱岐・湯ノ本

　そして十月十九日、モンゴル軍は博多《はかた》湾で合流し、二十日に今津《いまづ》（現福岡市西区今津）・麁原《そはら》（現福岡市早良区昭代）・百道原《ももちばら》（現福岡市早良区百道）・筥崎《はこざき》（現福岡市東区箱崎）から続々と上陸をはじめ、九州各地から馳せ参じた御家人と激戦を展開した。

　この段階ではまだ石築地《いしついじ》（元寇防塁《げんこうぼうるい》）は構築されておらず、モンゴル軍の上陸は弘安《こうあん》の役にくらべると容易なことであった。また、モンゴル軍の使用した鉄砲（「てつはう」）や短弓《たんきゅう》から放たれた毒矢は鎌倉武士の見たことのないもので、日本軍の戦意を喪失させた。

　なお、鎌倉武士たちが（日本語のわからない外国人相手に）名乗りを上げて一騎打ちをおこなおうとし、モンゴル軍がそれに集団攻撃をかけてきたので、日本軍が蹂躙されたという筋書きは、『八幡愚《はちまんぐ》童訓《どうくん》』という、十四世紀に石清水《いわしみず》八幡《はちまん》宮が霊験譚《れいげんたん》を集めた仏教説話集に語られているに過ぎず、およそあり得る話ではない。

日本軍は内陸の水城《みずき》（現福岡県筑紫野市から佐賀県三養基郡基山町）をめざして撤退（逃走）をはじめ、筥崎宮は焼失した。なお、モンゴル軍が攻撃目標としたのは海岸堡《かいがんほ》としての赤坂山、元の大宰府《だざいふ》警固《けいご》所《しょ》（現福岡市中央区城内）であった（服部英雄『蒙古襲来』）。かつて「刀伊《とい》の入寇《にゅうこう》」の際に藤原隆家《ふじわらのたかいえ》が本陣《ほんじん》とした場所である。

このままでは大宰府、ひいては日本の運命もいかなるものかと思われた二十七日頃（服部英雄『蒙古襲来』）、モンゴル軍は突如として撤退をはじめ、帰還の途中で突風に吹かれた。この突風は季節的に考えて、従来説かれていたような台風ではなく（モンゴル軍が上陸した十月二十日がグレゴリオ暦の十一月二十六日）、寒冷前線の通過にともなうものと思われ、撤退も予定どおりの行動だったようである（新井孝重『蒙古襲来』）。

『元史』に、「冬十月、元軍は日本に入り、これを破った。しかし元軍は整わず、また矢が尽きたため、ただ四境を虜掠《りょりゃく》して帰還した」と、『高麗史』に、「元軍は激戦により損害が激しく軍が疲弊《ひへい》し、左《さ》副都《ふくと》元帥《げんすい》劉復亨《りゅうふくこう》が流れ矢を受け負傷して、船へと退避するなど苦戦を強いられた。やがて日が暮れたのを機に、元軍は戦闘を解して帰陣した」と、それぞれ語られているが、手詰まりの外交を打開するために日本の支配層を交渉のテーブルに引きずり出すための軍事的衝撃・恐怖を与えるための戦争であったと考えるならば、あらかじめ予定していた自主的な撤収と考えるべきであろう（新井孝重『蒙古襲来』）。

なお、この突風によって、多くのモンゴル軍の軍船が座礁《ざしょう》したり漂流したりしたが、助命を乞うた兵士の多くは日本軍によって斬られた。『高麗史』によれば、帰還できなかった兵の数は一万三千五百人とあるが、実際はそれほど多くはなさそうである。

もちろん、この突風は自然現象によるものであったが、この報を受けた京都の勘解由小路兼仲《かでのこうじかねなか》は、「賊船数万艘が海上に浮かんでいたが、俄《にわ》かに逆風《ぎゃくふう》（南風）が吹き来たって、本国に吹き帰った」と記録している（『勘仲記《かんちゅうき》』）。「神風《かみかぜ》」思想（信仰）がすでに登場しているのである。

異国征伐計画

幕府は負けてはいなかった。文永合戦の後、建治《けんじ》元年（一二七五）に西国《さいごく》諸国の守護に宛てて、何と翌建治二年（一二七六）三月を期して、「異国を征伐」する軍を発すという外征計画を指令したのである（『薩藩旧記《さつばんきゅうき》』所引「島津久時書下案《しまづひさときかきくだしあん》」）。

この場合、異国は高麗を指す。モンゴルの侵略を受け、日本遠征を思い留まらせようとしたものの、心ならずもモンゴル軍の一員として九州に侵攻してきた高麗に対して、幕府は逆に攻め込もうとしていたのである。実際に建治二年三月に「異国征伐」軍が渡海《とかい》こそしていないものの発遣《はっけん》されていたであろうことが推測されている（新井孝重『蒙古襲来』）。

日本を侵略してきた本体のモンゴルよりも、そのお先棒を担いだ高麗の方が、より憎むべき敵であると認識されていたのであろうか。この背景には、古代以来の対朝鮮観が潜んでいると思われてならないのである。

なお、この外征計画は、やがて廃棄された。冷静に考えれば、高麗を屈服させたところで、そこに宗主国《そうしゅこく》のモンゴルが攻め込んでくるのは目に見えていたし、そもそも日本には大規模な外征に堪えるだけの造船技術や航海術が、十五世紀までは存在しなかった。

戦時態勢

幕府は前にも増して沿岸警備に力を入れ、石築地（元寇防塁）の築造に注力した。じつは文永合戦の収まったばかりの建治元年、早くもクビライは使者を日本に送ってきていたのである。モンゴル側にとっては、最初の戦闘で日本を痛めつけ、弱気になったところで交渉に引き出すという、当初の予定どおりの行動であった（新井孝重『蒙古襲来』）。

しかし、戦闘を職能とする武家政権の幕府には、戦争以外の選択肢はなかったとされる（村井章介『北条時宗と蒙古襲来』）。モンゴルの使者は鎌倉に送られ、斬られてしまった。

戦時態勢を強化する幕府は、西国の守護に対して、国中の地頭御家人のみならず、「本所領家一円地《ほんじょりょうけいちえんち》（公家や寺社の支配する荘園《しょうえん》等）の住人等」、つまり非御家人《ひごけにん》の武士も動員して防戦にあたらせることにした。これは日本の国家史上でも特筆すべき事態である。

なお、文永合戦とほぼ同時期の一二七四年、モンゴルは南宋遠征軍を南下させ、一二七六年三月、臨安府の南宋政権を降伏に追い込んだ。南走して交戦をつづけた勢力も一二七九年に全滅し、ここに南宋は滅亡した。中国が再統一されたのである。

クビライとしては、つぎの敵は日本に絞られたことになる。外交上の問題以上に、大量のモンゴルの失業兵士や南宋の帰順軍隊の処置は、重くのしかかっていた。この連中をそのまま存続させるのは経費がかかり、軍隊から解放すれば盗賊になったり、下手をすれば革命勢力となるかもしれない。この「裁兵《さいへい》問題」を名目を持たせつつ一挙に解決できるのが、旧南宋の江南《こうなん》軍を中心とする日本再征だったのである（新井孝重『蒙古襲来』）。

しかも、旧南宋の降将《こうしょう》のみならず、今度は高麗までもが、クビライの歓心を買うために、一二七八年、日本再征を進言した。

翌一二七九年、モンゴルから使者が遣わされたが、幕府はこれを博多で斬首《ざんしゅ》し、幕府は臨戦態勢に入った。この使者は、旧南宋の立場から日本危うしと告げ知らせ（『勘仲記』）、親交を通わせるためのものであった（『師守記《もろもりき》』）というが、幕府は外交よりも戦争を選んだのである。

こうして一二八一年（弘安四）正月、クビライは再度の日本遠征を宣言した。東路軍《とうろ》（蒙古・漢軍）三万、高麗軍一万が軍船九百艘で合浦を出帆し、蛮子軍《ばんし》（江南軍とも。旧南宋軍）十万が軍船三千五百艘で江南を出帆し、壱岐沖で合流、九州を攻撃することになった。

博多湾と能古島

弘安合戦

五月三日、東路軍・高麗軍が合浦を進発した。彼らは六月十五日までに、慶元府《けいげんふ》（現中国浙江省寧波市）を出航する江南軍と壱岐島で合流し、両軍で大宰府を攻める計画を立てていた（『高麗史』）。

高麗軍は、江南軍と合流するための時間調整をおこなった後、対馬の大明神浦《だいみょうじん》（現対馬市峰町佐賀か）に上陸し、激戦を演じた。一方、東路軍の本隊は二十六日に壱岐に襲来した（『高麗史』）。一部は長門《ながと》にも襲来している（『勘仲記』）。

そして東路軍・高麗軍は六月五日に博多湾の志賀《しか》

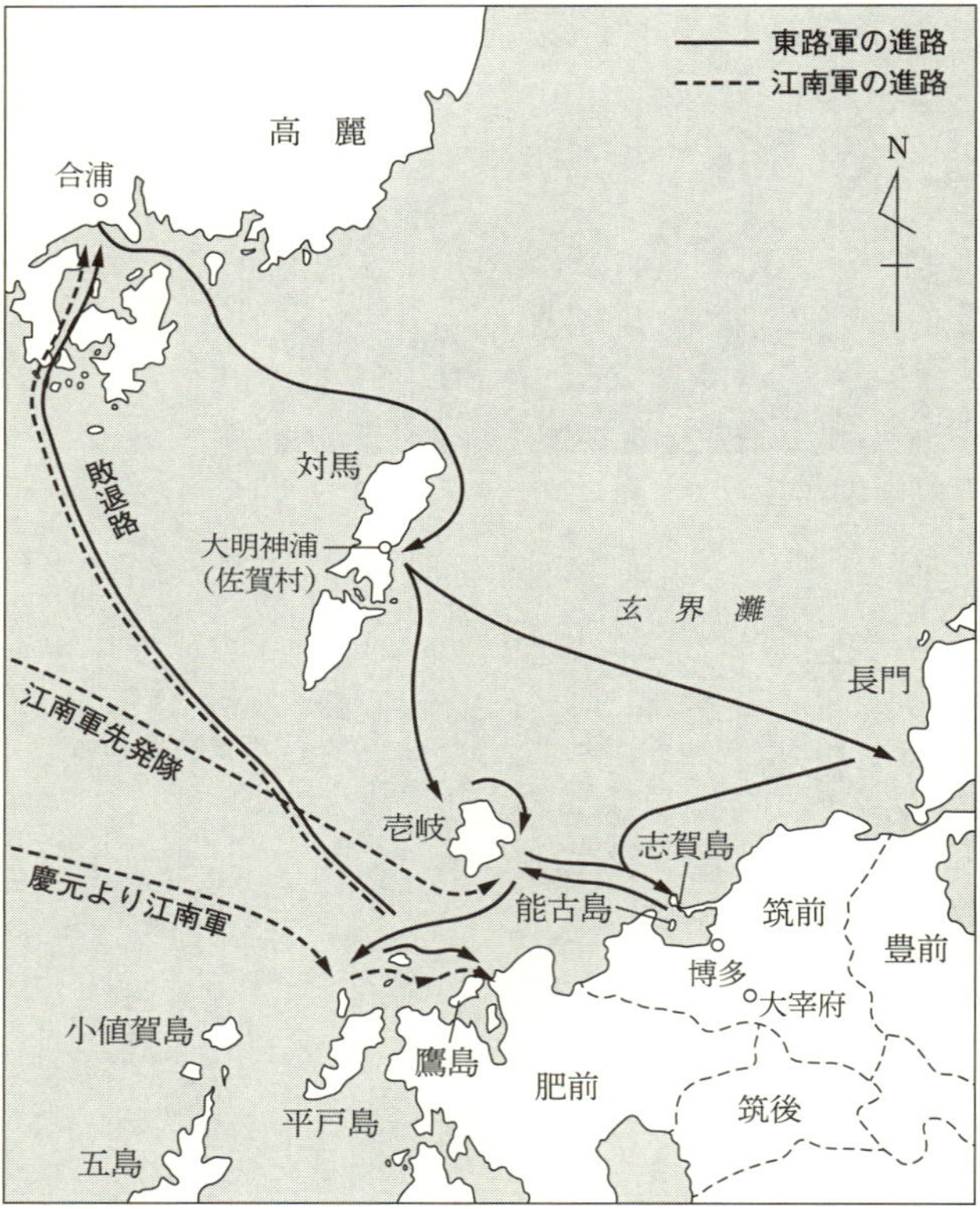

弘安合戦関係地図（新井孝重『蒙古襲来』を基に作成）

島・能古《のこ》島に達し、江南軍を待たずに、単独で大宰府西方面から上陸することに決した（『元史』）。しかし、博多湾沿岸には強固な石築地が築かれており、これを騎馬で突破することは不可能であった。

戦端が開かれたのは、六月六日、東路軍・高麗軍が占拠していた志賀島であった。陸海からの日本軍の攻撃を東路軍・高麗軍が迎撃《げいげき》するという攻防が、十八日頃まで連日つづいた。十八日に志賀島を離れた東路軍・高麗軍は、合流予定地である壱岐島に現われた。これに対し、日本軍は二十九日から七月二日にかけて壱岐島に攻勢をかけた。

一方、江南軍は進発が六月十八日と遅れたのみならず（『高麗史』）、行き先を肥前《ひぜん》国の平戸《ひらど》島（現長崎県平戸市）に変更していた。いったい軍略というものを何だと考えているのであろうか。この江南軍の実態は軍人ではなく農民であり、遠征の目的も、戦闘よりも移住・植民であった可能性が、古くから提示されている（新井孝重『蒙古襲来』）。

東路軍・高麗軍の方は、江南軍が平戸島に到着したことを聞いて、七月初旬、壱岐島を発って平戸島に向かった（『弘安四年日記抄《こうあんよねんにっきしょう》』〈『壬生官務家日記抄《みぶかんむけにっきしょう》』〉）。長期間に及ぶ海上生活と戦闘によって、かなり疲弊していたことは想像に難《かた》くないが、ともあれここに、総勢十四万の巨大軍が集結したのである。

七月中旬から下旬、モンゴル軍は東の鷹《たか》島（現長崎県松浦市鷹島町）に向かって移動した

(『元史』)。いよいよ大宰府をめざして上陸作戦を展開しようとしていた矢先、七月三十日から翌閏《うるう》七月一日にかけて、今度は本物の台風が日本列島を縦断した(『勘仲記』)。

暴風雨自体で艦船同士が衝突して沈没した艦船も多かったが、東路軍・高麗軍の艦船には被害が少なく、江南軍の艦船は損害が大きかったとされる(『元史』『高麗史』)。高麗で造船された艦船にくらべて、江南船は脆弱《ぜいじゃく》であったことになる(『高麗史』)。実際、鷹島沖海底で見つかったモンゴル軍の遺物は、ほとんどが江南地方で作られたもので、高麗産の遺物は発見されていない。クビライの「裁兵問題」は、見事に成功を収めたことになる。

モンゴル軍の「貴族」(軍将《ぐんしょう》)は、閏七月五日以降、難を免れた数百艘の船に乗り込み(ということは、兵士を船から降ろして敵地に置き去りにしたことになる)、モンゴルに向かって敗走した。その結果、取り残された兵士に対して、七日まで日本軍の掃討《そうとう》作戦(単なる殺戮《さつりく》だが)が展開され、多くの残留兵が殺された。『蒙古襲来絵詞《もうこしゅうらいえことば》』で竹崎季長《たけざきすえなが》が乗り込み、敵の首を取ったと描かれているのは、この鷹島沖を漂流しているモンゴル船なのであった。

なお、降伏した者(史料により千人前後から三万人と幅がある)も、南宋人は殺されずに奴隷《どれい》とされたが、モンゴル人と高麗人は博多の那珂《なか》川で殺された。

結局、帰還できなかったモンゴル軍は、『元史』では八万から十三万、『高麗史節要《こうらいしせつよう》』では、帰還できなかったのは江南軍が十万、高麗軍は七千人とある。

再度の異国征伐計画

驚くべきは、幕府がこの弘安四年の八月、筑前《ちくぜん》・肥前・豊前《ぶぜん》三ヵ国の御家人のみならず、大和《やまと》・山城《やましろ》の悪党（民間武装民）も加えた異国征伐計画を立てていたということである（『勘仲記』裏文書《うらもんじょ》）。クビライも日本軍の襲来を警戒し、高麗南岸に鎮辺万戸府《ちんぺんまんこふ》を設置したというから（『高麗史』）、この外征計画も、まったく荒唐無稽《こうとうむけい》なものではなかったのである。

しかし、いつの間にか、この計画は立ち消えになったようである。やはり三度目の蒙古襲来に備えた本土防衛こそ、幕府にとって急務な課題だったのであろうが、日本に服属を迫るために派遣された高麗の使節が到着した正応五年（一二九二）にも高麗発向を計画しているから、やはり高麗に対する敵愾心《てきがいしん》が相当のものだったことがうかがえる。

日本侵攻計画と使節派遣、そしてベトナム

クビライの方も、一二八二年、一二八三年、一二八四年、一二九二年と、何次にもわたって日本侵攻の準備を進めた。その一方で、使節を一二八三年、一二八四年、一二九二年、一二九九年と日本に派遣し、和平の道も模索している。

この日本侵攻計画は一二九四年のクビライの死去によって中止となり、結局はモンゴル

が日本に攻め寄せたのは二度に留まった（日本の執権《しっけん》北条時宗《ほうじょうときむね》は、すでに弘安七年〈一二八四〉に死去していた）。御家人の窮乏《きゅうぼう》と幕府の内紛に疲弊していた日本に三度目の蒙古襲来がなかったのは、まことに幸いなことであったと言えよう。

じつはこの間、一二八八年にベトナムに侵攻したモンゴル軍が、陳《ちん》朝ベトナム（大越《だいえつ》国）に大敗を喫していた。すでに一二五八年と一二八三年にベトナム遠征に失敗していたクビライは、九万の兵力でベトナムに侵攻したのであるが、陳興道《こうどう》の率いるベトナム軍は、首都の昇龍《タンロン》（現ベトナムハノイ市）を焦土化させて撤退したうえで、白藤江《はくとうこう》の川底に杭を打ち伏兵《ふくへい》を配すという巧みな作戦とゲリラ戦によって、元軍の水兵を全滅させた。

もしもこの時にベトナムがモンゴルに敗れていたら、余勢を駆ってモンゴル（および旧ベトナム勢力）が日本に三たび攻め込んできたかと思うと、戦慄《せんりつ》さえも覚える。私はベトナムを訪れて各地に建てられている陳興道の銅像を見るたび、手を合わすことにしている。

蒙古襲来の思想的影響と異国観

この間、日本全土の神々が、異敵調伏《いてきちょうぶく》のために動員された。これらの祈禱の結果、「神風」が吹いてモンゴル軍を壊滅《かいめつ》させたという説話（信仰）が成立し、『八幡愚童訓』をはじめとする仏教説話集が成立した。

実際には、文永合戦の際にはモンゴル軍はすでに撤退をはじめていて、しかも彼らを襲ったのはただの突風であったに過ぎないのであるし、弘安合戦では、あの季節に三ヵ月も海上にいれば、いずれ大きな台風に襲われることは、考えてみれば当然のことであった。しかし、異敵調伏にあたった寺社勢力は、これを自らの祈禱の効験《こうげん》による「神風」であると宣伝した。やがてその思想が日本全国に蔓延《まんえん》し、近代を迎えることになる。

余談であるが、ベトナムでは作戦とゲリラ戦を駆使すれば大国にも勝てるという思想を継続させ、やがてフランスやアメリカ、中国といった大国を破ることになる。それに対して日本では、実際にモンゴル軍の侵攻に打ち勝ったのは幕府の用兵と鎌倉武士の奮戦、そして戦争準備と作戦によるものであったにもかかわらず（相手を海上に押し返したからこそ、台風による被害を与えたのである）、その結果を正しく総括することなく「神風」信仰に酔いしれた結果、第二次世界大戦で決定的な敗北を迎えることになってしまった。

さらに重い影響は、外国からの全面的な侵略をはじめて経験した日本人の異国観に、決定的なゆがみを生じさせてしまったことである。「清浄《せいじょう》」な「神域《しんいき》」である日本と、その外の「汚穢《おわい》」に満ちた「異域《いいき》」、という図式は、深く日本列島住民の心理に根ざしてしまったのである（新井孝重『蒙古襲来』）。

そして異国に対する屈折した心理は、世界帝国であるモンゴルそのものよりも、その尖《せん》兵《ぺい》となって日本侵攻を進言し、多くの艦船を作って日本に攻め寄せた高麗に対して、より強く及んだものと考えられよう。

じつは朝鮮諸国の歴史は、外国から侵略を受ける経験ばかりで、国外に侵攻した経験は、歴史上、この例しかない。その故なのかどうなのか、日本からの高麗に対する敵愾心というものが、より増幅されてしまったことになる。

やがて日本の異国観は民衆のなかに浸透し、ムクリ（蒙古）・コクリ（高句麗《こうくり》＝高麗）という鬼を生み出す。幸若舞《こうわかまい》の『百合若大臣《ゆりわかだいじん》』や、壱岐・対馬地方の「むくりこくり、鬼来るぞ」という民俗語彙《ごい》、はては原爆のきのこ雲を、「ムクリコクリの雲と云うとる人がおりました。ほんま、ムクリコクリでがんすなあ」と語らせ、「蒙古高句麗《むくりこくり》の雲とはよく云い得たものだ」と評する井伏鱒二『黒い雨』に至ることになる。

2　秀吉の朝鮮侵攻　十六世紀

天下人の世界征服構想

つづいて十六世紀末に起こった、我が国三度目の対外戦争を眺めてみよう。戦国時代を終結させた織田信長《おだのぶなが》は、「一大艦隊を編成してシナ（明《みん》）を武力で征服し、諸国を自らの子息に与える」という中国征服の構想を表わした（ルイス・フロイス『日本史《にほんし》』）。この発想を受け継いだ豊臣秀吉《とよとみひでよし》は、天正《てんしょう》十五年（一五八七）の「九州征伐」の後に対馬《つしま》の宗《そう》氏に対し、朝鮮（李《り》氏朝鮮《しちょうせん》）国王が京都の朝廷に上るよう要求している（「宗家文書《そうけもんじょ》」）。戦国乱世を武力で勝ち抜いた彼らにとっては、自身の支配の強制に地理的限界があるとは認識されず、国の内外の差をほとんど自覚していなかったのである（村井章介『分裂から天下統一へ』）。

天正十八年（一五九〇）に朝鮮使節に接見《せっけん》した秀吉は、朝鮮が日本に服属したと思い込み、「唐《から》入り」すなわち明に入って日本の風を中国に及ぼし、明と周辺諸国を導いていくことを表明した（『江雲随筆《こううんずいひつ》』）。そして朝鮮には当初は「征明嚮導《せいみんきょうどう》」（明国征服に際して先導を務めること）、後には「仮途入明《かとにゅうみん》」（明に侵攻する日本の軍勢に道を貸すこと）を要求したのである（中野等『文禄・慶長の役』）。

これは古代以来のアジアの伝統的な外交秩序への挑戦であり、自らを中華皇帝《こうてい》をも凌駕《りょうが》する存在とする自意識に裏づけられた発想であった（村井章介『分裂から天下統一へ』）。中華帝国の夷狄《いてき》征伐と同じ発想を抱くというのも、卑賤《ひせん》の出自を持つ秀吉なればこそ、アジア世界が築き上げてきた伝統秩序から自由でいられたからであろう。

「文禄の役」関係地図（中野等『文禄・慶長の役』を基に作成）

文禄の侵攻

翌天正十九年（一五九一）には天竺《てんじく》（インド）・南蛮《なんばん》（フィリピン）征服まで意欲を見せ、前線基地としての名護屋《なごや》城（現佐賀県唐津市）を築城した。そして文禄《ぶんろく》元年（一五九二）四月に総勢十六万の軍勢が海を渡った。文禄の役、すなわち壬辰倭乱《じんしんわらん》である。

四月十三日に釜山《ぷさん》（現韓国釜山広域市）に上陸した日本軍は、数時間で釜山城を陥落《かんらく》させ（『壬辰遺聞《じんしんいぶん》』）、漢城《かんじょう》（現韓国ソウル特別市鍾路区・中区・西大門区）に向けて進撃した。朝鮮の宣祖《せんそ》王は三十日に漢城を棄《す》てて逃亡した（『朝鮮王朝実録』）。

漢城・東大門

五月三日、小西行長《こにしゆきなが》率いる軍と加藤清正《かとうきよまさ》率いる軍が、それぞれ入城し、漢城は陥落した（「韓陣文書《かんじんもんじょ》」）。この報を得た秀吉は、関白《かんぱく》を譲った豊臣秀次《ひでつぐ》に対して、明征服後の「三国国割《くにわり》構想」を明らかにした（『古蹟文徴《こせきぶんちょう》』）。単に日本国内の国分けを大規模にしたに過ぎないものであったが、そのなかで「大日本国は神国《しんこく》である」という国家観を宣言している。

その後、一気に明に向けて攻め入る方針を変更し、半島を八道に分けて進撃することとなった（『土佐国蠹簡集《とさのくにとかんしゅう》』）。しかし、各地で決起した義兵《ぎへい》の抵抗、冊封《さくほう》の論理に基づく明の援軍派遣、海戦での敗戦による補給線確保の困難によって、戦況は膠着《こうちゃく》状態に陥った。戦略の見直しをはかった日本軍は、支配領域の確保に重点を置き、半島東南部沿海の要所に城（倭城《わじょう》）を築いていった（村井章介『分裂から天下統一へ』）。

八月二十九日、行長と明の遊撃《ゆうげき》（じつは市井《しせい》の無頼者《ぶらいしゃ》）沈惟敬《しんいけい》がはじめて会談を持ち、和議への第一歩が記された（『朝鮮王朝実録』）。文禄二年（一五九三）には和議への動きが本格化した。この講和は明と日本のあいだで話し合われ、自国が戦場となった朝鮮は交渉の席を与えられなかった（北島万次『豊臣秀吉の朝鮮侵略』、村井章介『分裂から天下統一へ』）。朝鮮国王は、「朝鮮は日本と万世必報《ばんせいひっぽう》の讐《しゅう》がある」と、講和を拒絶したのである（『朝鮮王朝実録』）。

日本軍は四月に漢城を明け渡して釜山に撤退し、行長は偽りの「明使《みんし》」を仕立てて五月十五日に名護屋に到った（『時慶卿記《ときよしきょうき》』）。秀吉は明が日本に屈服して和議を求めてきたものと思い込んでおり、二十三日に「明使」を引見《いんけん》すると、講和の条件を半島南半の確保に縮小し、また明との勘合《かんごう》貿易の再開を求めた（「毛利家文書《もうりけもんじょ》」『南禅旧記《なんぜんきゅうき》』）。

六月二十八日、行長は家臣を和議使節に仕立てて、明の首都北京《ぺきん》（現中国北京市）に出立させた。使節は秀吉が降伏したという「関白降表《かんぱくこうひょう》」を偽造させられ（『朝鮮王朝実録』）、一五九四年十二月に北京に入り、十四日に明の万暦《ばんれき》帝に謁見《えっけん》した（『明史《みんし》』）。

日本軍の半島撤退、秀吉の日本国王冊封と勘合貿易の不許可、日朝の修交という条件で合意した結果（『朝鮮王朝実録』）、明使（冊封使《さくほうし》）が日本に派遣されることになった。慶長《けいちょう》元年（一五九六）九月一日に明使（正使《せいし》が逃亡したので、副使《ふくし》が替わった）から明の国書《こくしょ》を渡された秀吉は講和条件に激怒し（『日本往還日記《にほんおうかんにっき》』『明史』）、つぎの侵攻がおこなわれることになった。自身の示した講和条件を無視されたことが原因とされる（北島万次『豊臣秀吉の朝鮮侵略』、中野等『文禄・慶長の役』、村井章介『分裂から天下統一へ』）。

慶長の侵攻

慶長二年（一五九七）正月には総勢十四万を越える日本軍の再上陸がはじまり、朝鮮の要請を受けた明軍も救援の準備をはじめた。これが慶長の役、すなわち丁酉再乱《ていゆうさいらん》である。今回の派兵は、中華の王となるという名分が捨てられ、慶尚《けいしょう》・全羅《ぜんら》・忠清道《ちゅうせいどう》といった朝鮮半島南部を領土として死守することを目標とした。これらの領土がなければ、大名や兵士たちに与える代償が皆無となってしまうからである（村井章介『分裂から天下統一へ』）。

七月十四日から十六日に巨済島《きょさいとう》（現韓国慶尚南道巨済市）沖の朝鮮水軍を藤堂高虎《とうどうたかとら》率いる水軍が攻撃し、本格的な戦闘がはじまった（『乱中雑録《らんちゅうざつろく》』）。

日本軍は八月から全羅道に向かって進撃を開始した。なお、この過程で「鼻削《はなそ》ぎ」など

西生浦倭城

の残虐行為がおこなわれた（『朝鮮日々記《ちょうせんにちにちき》』「藤堂文書《とうどうもんじょ》」）。ちなみに、「鼻削ぎ」や「耳削ぎ」は戦功を集計するためのもので、文禄の役では朝鮮水軍も左耳の切り落としをおこなっていたことが知られている（村井章介『分裂から天下統一へ』）。また、拉致《らち》した朝鮮人のなかで、特定の技能を有する者を日本に送致することもおこなわれた（中野等『文禄・慶長の役』）。

その後、九月には京畿道《けいきどう》にまで進撃した日本軍であったが、やがて南部の沿岸部に退いた。明・朝鮮軍は蔚山《うるさん》城（現韓国蔚山広域市中区）を十二月二十三日から攻撃した。日本の諸将は南の西生浦《せいせいほ》城（現韓国蔚山広域市蔚山郡）に集結し、慶長三年（一五九八）正月四日に明・朝鮮軍を撃退した。蔚山城に残された明・朝鮮軍の死体は二万人であったという（「浅野家文書《あさのけもんじょ》」）。

明・朝鮮軍の方も攻勢に転じ、三軍に分かれて南下し、八月には慶州《けいしゅう》（現韓国慶尚北道慶州市）・星州《せいしゅう》（現韓国慶尚北道星州郡）・全州《ぜんしゅう》（現韓国全羅北道全州市）に到っていた。

そうした折、八月十八日に秀吉が死去した。これを承けて、日本側では講和の動きが活発化した。十一月には日本軍の将兵は続々と釜山に集結し、日本に向けて撤退した。

こうして二度にわたる無意味な海外侵略に幕が下ろされた。この後も講和の条件をめぐって、十七世紀にまでつづく交渉がおこなわれるのであるが、ここでは触れないでおこう。

文禄・慶長の役の影響

この六年間の戦闘によって、朝鮮半島が甚大な損害を蒙ったことは、言うまでもない。日本に対する憎悪と警戒の認識は、今日に至るまで長く民族の脳裡《のうり》に刻み込まれることになったのである。韓国では今でも、末世《まつせ》を嘆く諺《ことわざ》として、「あっという間に鼻が削がれるこの世」という表現が使われるそうである（魯成煥『耳塚の「霊魂」をどう考えるか』）。

古代以来、日本（および倭《わ》国）は自分たちよりも下位に位置する存在であり、文化や政治を伝えてあげる対手《たいしゅ》として認識していた朝鮮の人びとにとっては、その日本から大軍が襲来し、国土を蹂躙《じゅうりん》していったこととの衝撃は、我々の想像を絶するものがあったと考えなければならない。そしてその衝撃は、現代の韓国（たぶん北朝鮮でも）にも受け継がれているはずである。

ちなみに、私がはじめて韓国を訪れたのは一九八一年三月のことであったが、光州《こうしゅう》事件後の戒厳令下《かいげんれいか》であったこともあり、きわめて緊張に富んだ一週間を過ごした。配られた

「注意事項」には、「できるだけ日本語を使うな」とか、「ジーンズを履くな」「日本、及び日本人の悪口を言われてもすぐに反発するな」「日本の過去の植民地支配の正当化、日本の軍国主義化、天皇制の賛美、韓国に対する内政干渉がましいことは一切、口にしない」「決して傲慢にならず、常に謙虚に」など二十一箇条が記されており、訪れた各地の遺跡や寺院には、(そうでないものにも)必ず「壬辰倭乱で清正軍によって焼かれた」という説明の看板が立てられていた。

それはさておき、世界的に十六世紀最大の戦争となった文禄・慶長の侵攻は、東アジア全域に大きな影響を及ぼすことになった(村井章介『分裂から天下統一へ』)。明はこの援軍によって財政危機に陥り(『明史』)、十七世紀前半の女真《じょしん》族の侵攻と相まって、王朝倒壊へとつながっていった。豊臣政権が一気に弱体化したことは言うまでもない。

なお、慶長三年の撤兵は、完全な終戦を意味したものではない。蒙古襲来《もうこしゅうらい》の際の日本と同様、朝鮮にとっては、日本がいつ三度目の侵攻に踏み切るか、かなり後まで疑心暗鬼《ぎしんあんき》がつづいたのである。それに関連して、明では朝鮮からの完全撤退が議題に上っていた。宗《そう》属国《ぞくこく》である朝鮮も、明の軍事戦略上、必ずしも絶対防衛する必要はなく、場合によっては朝鮮が日本に占領されても致し方ないとする考えも存在した(中野等『文禄・慶長の役』)。朝鮮の命運は、あくまで大国の都合に左右されていたのである。

耳塚

その他、秀吉の方針に反抗して朝鮮軍に投降した日本の将兵（降倭《こうわ》）が朝鮮軍に砲術《ほうじゅつ》や剣術などの技能を伝授したことによって、火縄銃《ひなわじゅう》や日本刀の技術が朝鮮に伝わったこと、唐辛子が日本軍によって朝鮮半島に持ち込まれ、キムチなどの韓国・朝鮮料理の基礎を築いたこと、また朝鮮人捕虜《ほりょ》が奴隷《どれい》として東南アジアやヨーロッパまで転売されていったこと、逆に日本で学者や僧侶・大名家臣となった捕虜がいたこと、そして各地で陶工《とうこう》として文化の伝播《でんぱ》に寄与した職人がいたことなど、とても論じ尽くせないのであるが、これくらいにしておこう。

一つだけ、日本各地に残る耳塚《みみづか》について触れておこう。とりわけ京都に残るそれ（現京都市東山区正面通本町）は、秀吉が生前の慶長二年に造らせ、豊臣秀頼《ひでより》が慶長十九年（一六一四）に拡張したものである。一般には日本軍の残虐行為の象徴として認識されているが、じつはこれは中国や朝鮮で戦勝記念碑として首級《しゅきゅう》や死体を積み上げた京観《けいかん》とは異なり、首級の代わりに切り取った朝鮮や明の将兵（および一般民衆）の鼻や耳を供養するためのものだったのである。戦功を証明する首実検《くびじっけん》の後に、鼻や耳を捨ててもよさそうなものなのに、これを供養するという現象は、じつは世界的に見て日本だけに見られるもののようである（魯成煥『耳塚の「霊魂」をどう考えるか』）。むろん、この事実をもって秀吉の無意味な侵略の残虐性が軽減されるものではないが、一応、日本人として知っておきたい事実である。

近代日本への影響

それよりも重大な影響は、近代の朝鮮植民地化と大陸侵略に際してのものである。その際に呼び戻された記憶は、神功皇后《じんぐうこうごう》の「三韓征伐」説話と並んで、秀吉の朝鮮出兵であった。半島・大陸への進出は秀吉の遺志《いし》を継ぐおこないであるという図式である。

一九一〇年（明治四十三）に韓国併合《かんこくへいごう》が成った際、初代朝鮮総督《ちょうせんそうとく》寺内正毅《てらうちまさたけ》は、「小早川《こばやかわ》、加藤、小西が世にあれば、今宵《こよい》の月をいかにみるらむ」なる歌を詠《よ》み、総督府《そうとくふ》外務部長の小松緑《こまつみどり》は、「太閤《たいこう》を地下より起こし見せばやな高麗《こま》やま高くのぼる日の丸」と返歌した。返す返すも、歴史が政治に利用されることの恐ろしさを、まざまざと示す事例である。

その後、十七世紀以降の江戸時代になると、戦争どころか外交や貿易もきわめて限定されたものとなり（「鎖国《さこく》」）、十九世紀後半に欧米諸国の接近を契機として、日本は近代を迎えることとなる。

3　戦争の日本史——近代日本の奥底に流れるもの

戦争を（ほとんど）しなかった国

これまで前近代の日本の対外戦争を概観してきた。もう一度くりかえすが、前近代の日本および倭《わ》国は、外国勢力の侵攻を撃退したものを除くと、対外戦争の経験はきわめて少なかったのである。海外で実際に戦争をおこなった例は、五世紀の対高句麗《こうくり》戦、七世紀の白村江《はくそんこう》の戦、十六世紀の豊臣秀吉《とよとみひでよし》の朝鮮侵攻の三回しかないし、特に中国と戦争した経験は、白村江の戦と秀吉の朝鮮侵攻だけである。しかも、いずれも戦場は朝鮮半島であって、中国本土に攻め入った事例はない（近代の日清《にっしん》戦争や日露《にちろ》戦争も、朝鮮問題をめぐって戦われ、朝鮮半島を主要な戦場の一つとしていた）。

ついでに言うと、日本は内戦もきわめて少なく、その規模も中国やヨーロッパ、イスラム社会と比較すると小さなものであった。古代最大の内戦であった壬申《じんしん》の乱も、動員された兵力は『日本書紀』が語るような大規模なものではなかったはずであるし（倉本一宏『壬申の乱』）、承平《じょうへい》・天慶《てんぎょう》の乱で最後まで平将門《たいらのまさかど》に付き従った兵は二十名ほど、保元《ほうげん》の乱で平清盛《きよもり》が動かした兵は三百名ほどであった。戦国時代最大の戦いと言われる川中島《かわなかじま》の戦いも実際に戦闘がおこなわれたのは二回に過ぎない。天下分け目の戦いと称される関ヶ原《せきがはら》の戦いは兵の数こそ大規模であったが、約六〜八時間で決着がついているし、そもそも戦闘に参加しなかった部隊も大勢いた。

近代日本のアジア侵略の淵源

こうなると、戦争を（ほとんど）してこなかった日本が、何故に近代に突然、アジアへの侵略をはじめたかが問題になる。私はまったく近現代史の素人なので、軽率なことは言えないが、それでも日本史研究者として、個人的な見通しだけは述べておくこととしたい。

何故に近代日本は「明治維新《めいじいしん》」後に突然、朝鮮に目を向け、侵略に踏み切ったのであろうか。もちろん、直接的には藩閥政府の帝国主義への志向と、帝国陸海軍の内包した矛盾に解明の道があるのであろう。しかし、さらにその淵源《えんげん》は、古代の倭国や日本にあり、そして長い歴史を通じて醸成され、蓄積された小帝国志向、それに対朝鮮観と敵国視が、幾度にもわたって記憶の呼び戻しと再生産をもたらし、近代日本人のＤＮＡに植えつけられてしまっていたことにあるのではないかと考える。

「東夷の小帝国」の根拠

そのキーワードはやはり、「東夷《とうい》の小帝国」である。つまり、日本(および倭国)は中華帝国よりは下位だが、朝鮮諸国よりは上位に位置し、蕃国《ばんこく》を支配する小帝国であると主張するというものである。これはまったく荒唐無稽《こうとうむけい》で笑止千万《しょうしせんばん》な主張かというと、じつはその根拠とされた歴史事実も、それなりに存在したのである。

第一に、四世紀末から五世紀初頭にかけて、百済《ひゃくさい》・加耶《かや》・新羅《しんら》を「臣民《しんみん》」としたという認識である。実際には、百済の要請を承けて半島に出兵し、百済(や加耶)と一時的に軍事協力関係を結び、新羅に攻め入っただけなのであろうが、その過程において、百済や加耶・新羅を「臣民」としたという主張は、倭国の支配者層のあいだに根強く残った。

この出兵(と白村江の戦)が神功皇后《じんぐうこうごう》の「三韓征伐」説話のモチーフになり、それがはるか後世にまでくりかえし歴史の表面に現われ出ることになることを思うと、倭国最初の海外出兵が日本史に与えた影響は、我々の想像以上に大きいものであったと考えるべきであろう。そしてそれには、その出兵が、百済からの要請によるものであったことが、大きく影響しているのである。七支刀《しちしとう》の持つ意味は、それほど深くて重いことになる。

第二に、五世紀に宋《そう》から朝鮮半島南部六国(加耶諸国と新羅)の軍事指揮権(「六国諸軍《しょぐん》事《じ》」)を承認されたという事実である。もちろん、倭国は半島南部において実質上の支配権は有していなかった。

しかし、新羅や加耶諸国に対する軍事指揮権を、中国の皇帝《こうてい》から認められたことは、倭国の支配者の記憶に深く刻印され、後世にまで大きな影響を及ぼしたはずである。この宋の無責任な承認が、倭国や朝鮮諸国にとって、大きな意味を持つこととなってしまったのである。特に後に朝鮮半島を統一する新羅に対する軍事指揮権が認められたことは、後世の日本が朝鮮半島全体（新羅とその後継者の高麗《こうらい》や李氏朝鮮《りしちょうせん》）に対して支配権を有していたと主張する根拠につながったものと思われる。

第三に、六世紀までは「任那《みまな》」を支配していたという主張である。「任那」というのは金官《きんかん》国のことで、実際には倭国が支配した事実はない。また、百済が主導した「任那復興会議」に使節を派遣したことをもって、『日本書紀』では「任那日本府《にほんふ》」と表記している。『日本書紀』が氏族伝承や百済系外交史料といった原史料を、そのまま本文としてしまった結果、あたかも倭国が朝鮮半島南部に統治権を有していたような記述となってしまったのである。これも後世、半島南部に領土を有していたかの主張を生むこととなった。

第四に、「任那」滅亡後、六世紀から七世紀にかけて、倭国は新羅や百済に「任那の調《みつき》」の貢進《こうしん》を求めたが、新羅や百済は外交的・軍事的に苦境に立つと、倭国に何度も「任那の調」を送ってきた。実際には新羅や百済の特産物を倭国に贈っただけのことであることは言うまでもないし、新羅や百済の側にはこれが「調」であるとの認識はなく、あくまで外交儀礼上の口頭によるやりとりに過ぎなかったと思われる。

しかし、倭国側にとっては、この事実が、七世紀までは新羅や百済、それに「任那」が倭国に「朝貢《ちようこう》」してきていたという主張につながったのである。新羅と百済の苦渋の「外交的」選択が、倭国を増長させ、無用な主張をおこなわせることとなったことになる。

第五に、遣隋使《けんずいし》と遣唐使《けんとうし》の問題である。六〇〇年に第一次の使節が派遣された遣隋使は、これまでの倭国の使節とは異なり、また他の周辺諸国（「蕃国」）とは異なり、中国の皇帝に冊封《さくほう》を求めなかった。

倭国の大王《おおきみ》は、隋《ずい》から冊封された朝鮮諸国の国王より優越した地位を認定されることを欲したのである。『隋書《ずいしよ》』東夷伝倭国条に記されている、「新羅と百済は、皆、倭を大国であって珍物が多いとして、幷《なら》びにこれを敬仰《けいぎよう》し、つねに使者を通わせて往来している」という記事は、ある程度、倭国の主張が隋に認められたことを示すものであろう。

これも倭国の主張を助長させる結果につながったことは、もちろんである。中国皇帝の無責任な承認が、ふたたび倭国の「大国」意識を増大させたのである。

第六に、七世紀後半に百済遺臣《いしん》の要請を受けて、白村江で唐と戦ったという事実である。その際、倭国に滞在していた百済王族の余豊璋《よほうしよう》を新しい百済王とし、それに倭国人の妻を与え、倭国の冠位を授けていることは、重要である。この戦いに勝利し、倭国人妻が産んだ王子が即位したならば、百済は倭国の属国として位置づけられたことであろう。

第七に、八世紀初頭に成立した律令《りつりょう》制において、新羅を「蕃国」として設定した地理認識である。また、東北地方の「蝦夷《えみし》」、九州南部の「隼人《はやと》」、南島《なんとう》という「異民族」を設定し、位階と官職を授けて河内《かわち》に住まわせた百済王氏《くだらのこにきし》と合わせて、これを支配しているという主張によって、「小帝国」世界観念を構築していった。

また、新羅からの使者は、しばしば「新羅の調」を日本にもたらした。これも新羅側からすれば、土産物として日本に持ってきた物を口頭で「ミツキ」と称する（あるいは日本側から称される）ことで、日本側との折り合いをつけていたものと思われるが、何にせよ日本側に「調」と認識される物をもたらしたことは、新羅の失策であった。

これら古代の歴史における事実と主張の蓄積によって、日本（および倭国）の支配者層は、自国が朝鮮諸国よりも優越した存在の「大国」であると認識したのである。

そしてその際、中国皇帝がその場その場の政治情勢によって、日本（および倭国）の主張を認める行動を取ったことも見逃せない。また、朝鮮半島諸国自体が、軍事的・外交的に苦境に立った局面に際して、日本（および倭国）に対して優越感をくすぐる対応に出たことも、大きく影響しているであろう。

中国皇帝の「政治的」な（ある意味では無責任な）選択、朝鮮半島諸国の場当たり的な外交的対応によって、日本（および倭国）の支配者層は、ますます朝鮮諸国に対する優位性を自覚（誤解）する結果となったのである。

新羅・高麗敵国観

それに加えて、朝鮮半島諸国に対する敵国観も、日本人の意識の奥底に深く刻まれた。もともと、交戦国であった高句麗や新羅に対する敵国視は古い時代から存在していたのであるが、平安時代になって日本が「小帝国」の立場を放棄し、実際の戦闘や外圧など対外的な「交通」に自ら参加して関係を切り結んでいくことなく、それらを避けようとした「内向き」の外交方針を取るようになってからもなお、新羅に対する敵国視はつづいた。

そして穢《けがれ》意識の肥大化による境外《きようがい》の穢れた空間への恐怖とがあいまって、支配層のなかに新羅に対する強烈な排外意識が生まれてきたなかで、新羅に対する敵国観が増大していった。実際に幾度となく九州に現われた新羅海賊が、それを増幅させることとなった。

その後、新羅に替わって半島を統一した高麗《こうらい》は高句麗の後継者を自称したが、日本ではこれを新羅の後継者とみなした。そして新羅に対する敵国視もまた、高麗に対しても継承させたのである。日本は高麗に対して強い不信感と警戒心、恐怖心を抱き、「牒状《ちようじよう》」をはじめ当面する外交問題に対応していった。

あいつぐ高麗来寇《らいこう》の噂が、それを如実に表わしている。実際には日本に来襲した刀伊《とい》を撃退してくれた高麗に対しても、その認識はつづいたのである。

以上、前近代の日本の歴史において、対外戦争がきわめて少なかったこと、にもかかわらず古代の歴史のなかで、朝鮮ひいては外国に対する小帝国意識と敵国観が醸成されていき、それが日本人のＤＮＡに植えつけられてしまっていたことを確認してきた。これらの史実に対する屈折した記憶の呼び戻しと再生産こそ、近代日本の奥底に流れるものだったのである。

なお、朝鮮諸国の方は外国から侵略を受ける経験ばかりで、国外に侵攻した経験は、（「元寇《げんこう》」をのぞいて）歴史上、まったくない（ベトナム戦争はここでは措《お》いておこう）。このような国に対して、「蕃国」扱いをし、のみならず何度も武力侵攻をおこなったということが、彼の国の国民性や対日本観に大きく影響したことは、言うまでもなかろう。

もちろん、一方では、高句麗の好太王との抗争、白村江の戦、蒙古襲来、秀吉の半島侵略、近くは日清戦争や朝鮮戦争に至るまで、半島勢力が外国勢力を半島に引き込んで戦争に巻き込んだという側面の度合いも、慎重に見極めていかなければならない。

日朝（日韓）関係の基本軸

前近代のアジアにおいては、基本的に対等な外交関係というものは存在せず、どちらが上位の国家であるかに関して、つねにせめぎ合っていた。古代の倭国と百済や新羅との関係、日本と新羅との関係が、それにあたる。

「大国」意識をふりかざす倭国（および日本）に対して、朝鮮諸国は時に反発し、時に迎合し、そして時には無視してきた。中国から冊封されている朝鮮諸国は、冊封を受けない化《け》外《がい》としての倭国（および日本）を、自己の下位に認識していた可能性も高い。日本に対して新羅が自己を「大国」として対応したこともあった。高麗以降の朝鮮にも「小中華思想」が存在したことも指摘されている。

倭国（および日本）の側からも、朝鮮諸国に対する認識は、時代やその時々の歴史背景によって、変化してきた。ただし、国家および国民の意識下では、日本（および倭国）も朝鮮諸国も、お互いに自己を上位の国家として認識していたであろうことは、たとえばヨーロッパにおけるフランスとドイツ、スペインとポルトガルの関係を考えれば、世界的に一般的な事態だったことであろう。

近代になると、普通の二国間関係においては二国に優劣はなく、対等の外交関係が維持されるのが原則である。ところが日朝関係においては、不幸な植民地支配（「日帝《にってい》時代」）が存在したために、日本はあいかわらず自己を朝鮮の上位国家と認識しつづけることとなった。一方、朝鮮においては、古代以来、自己よりも下位にあると認識してきた日本が何と自己の宗主国《そうしゅこく》として植民地支配をおこなうという時代を迎えてしまったのである。「自己（朝鮮）は中国よりは下位にあるが日本（倭）よりは上位にある」と思いつづけてきた朝鮮が、「自己（日本）は中国よりは下位にあるが朝鮮よりは上位にある」と思いつづけてきた日本の植民地支配を受ける。これほどの屈辱感は、その国の人でないと、我々日本人にはとうてい理解しがたいことだったであろう。

一九四五年に植民地支配から解放された朝鮮（韓国・北朝鮮）の人びとが、あいかわらず自己を韓国・北朝鮮の上位と認識している戦後日本に対して抱きつづけている感情は、容易に想像できよう。相手が自己のことを、またこちらのことをどう認識しているかを理解することは、何事によらず両者の関係の基本となる。

冒頭に触れた「倭奴《わど》」「小日本」「日本鬼子」という言葉が、何故に近隣諸国で使われつづけているのか、我々日本人一人一人が真面目に考えないといけない問題なのである。

同様に、これは韓国（もちろん北朝鮮も）の人びとにも考えてもらいたい問題でもある。歴史認識というのは、双方が自己と他者の両方に対して、冷静に、そして正確に理解してこそ、はじめて成り立つものだからである。

おわりに

「武士道」について

最後に、日ごろ考えていることを付け加えておきたい。本来、中世においては、武士の主従関係は主君《しゆくん》と郎党《ろうとう》との間の「御恩《ごおん》」と「奉公《ほうこう》」といった契約関係に過ぎなかった。「裏切り自由」という言葉が象徴するように、武士は主君を自由に選択するのが通例であった。もちろん、実力と能力のない主君は下克上《げこくじよう》や押込《おしこめ》の洗礼を受けて淘汰《とうた》されていった（「武士道《ぶしどう》」については、相良亨『武士道』）。

江戸時代になり、武士身分が固定化されると、武士という存在は生産活動をおこなわず、百姓《ひやくしよう》から貢納《こうのう》された租税《そぜい》によって生活する存在となった。江戸時代の武士は、すでに戦闘集団というよりは、官僚となっていたのではあったが、それでもいざとなれば命を賭して敵と戦う義務を有していた。

そして、実際の戦闘がなくなってから、言わば「机上の空論」として『葉隠《はがくれ》』的「武士道」が成立した。本来、『葉隠』という書は、当時一般の武士道ともかけ離れており、長く禁書の扱いを受けていたものであったが、徐々にこの書が広まり、たとえ無能で理不尽な主君であっても、それに無批判に忠誠を尽くす武士像が形成されていったのである。

もちろん、これは武士の間だけの倫理であって、生産活動のみをおこなっていればいい百姓（ほとんどは農民）とは無縁の観念であったことは、当然である。

しかも、「武士道」とはもっぱら精神文化の分野の話なのであり、その意味では、高潔な精神や倫理観の浸透、豊かな江戸文化の土壌となったという意義はあった。今日までつづく日本人の精神性につながるものとしても、それなりの価値は有するのであろう。

しかし、それはあくまでも精神の問題であり、現実の戦闘とは無縁の「机上の空論」であった。実際の戦闘において「武士道」が発揮されたことは、ほとんどなかったはずである（戦闘自体もなかったのであるが）。

近代日本軍と「武士道」

ところが、本来は非戦闘員であった百姓やそれ以下の身分の者を組織した奇兵隊《きへいたい》をはじめとする諸隊によって江戸幕府を倒して成立した明治政府は、「国民皆兵《こくみんかいへい》」の旗印《はたじるし》の下、家の承継者や官吏、官立学校生徒以外の男子（多くは農家の次男以下の者）を帝国軍の兵士として徴発し、本来は非戦闘員であったはずの彼らに「武士道」を植えつけて外征戦争へと投入したのである（大江志乃夫『徴兵制』）。

そこには意図的な「武士道」の誤解・曲解が存在したことは、言うまでもない。武士のための「武士道」を国民道徳と同一視していったのである。そして、「武士道といふは死ぬことと見つけたり」など、都合のいい文言だけが取り上げられることとなった。

特に長州閥《ちょうしゅうばつ》の支配する帝国陸軍は、北海道の開拓、カムチャツカからオホーツク一帯の占拠、琉球《りゅうきゅう》の日本領化、朝鮮の属国化、満州《まんしゅう》・台湾《たいわん》・フィリピンの領有という吉田松陰《よしだしょういん》の「征韓論《せいかんろん》」（その根拠も「三韓征伐」説話であった）を継承していた。

やがて一八八二年（明治十五）の軍人勅諭《ぐんじんちょくゆ》から一九四一年（昭和十六）の陸軍省「戦陣訓《せんじんくん》」へとつづき、近代日本は果てしないアジア侵略と破滅への道を歩みはじめたのである。近代アジアにおける悲劇は、ほとんど対外戦争をおこなってこなかったという日本史の土壌の上に、古代以来の伝統的な日本の帝国志向と対朝鮮観（および対異国観）、それに歪曲《わいきょく》された「武士道」をたたき込まれた帝国陸海軍の兵士（およびそれを賞揚する一般市民）によってもたらされたという側面が存在したということになる。

現代日本と「武士道」

それにしても、現代日本が帝国日本の呪縛《じゅばく》を完全に拭《ぬぐ》い去ったかというと、これもまた怪しいものである。会社のために自己犠牲を強《し》いられる企業戦士（またの名を企業奴隷《どれい》・社畜《しゃちく》）の存在には、日本はほんとうに近代化したのだろうかと疑いたくもなる。

また、高校野球の犠牲バント失敗に対して、解説者（じつは野球指導者）が「自分も生きようとしていたからいけない」などと話しているのを聞くと、背筋が寒くなる（アウトを「死」などと称するのも同様である）。オリンピックなどで観客が「頑張れニッポン」などと連呼するのも、よく考えれば無気味であるし、選手の方も「日の丸を背負って」などと意気込んでは実力を出せないのを幾度も目にすると、いったいスポーツの本質（「プレイ」）とは何だったのだろうかと、考え込んでしまう。

一方で発展途上国の首脳が日本の高度成長が目標であると演説で堂々と語っていたり、海外の過激派集団が戦時中の日本軍を範としているという話を聞いたりすると、暗澹《あんたん》たる気分になってしまう。

これからの日本に向けて

「戦争」という言葉を聞いただけで思考停止に陥り、反射的に「反対」という言葉を頭に浮かび上がらせるのは、非常に危険な思考回路である。戦争に無条件に「反対」することは、状況が変われば、無条件に「賛成」することにつながりかねないのである。

過去に起こった戦争について、冷静に客観的に、しかも深く考え、分析することこそ、戦争に正しく反対し、未来の戦争を阻止することにつながる道である。特に苟《いやしく》も歴史学者たる者には、戦争の原因や背景や様相やメカニズムを解明する義務があるであろう。現在において眼前で起こっている現象の潮目や風向きを正しく見極めることが求められることも、言うまでもない。

以上、いささか古代史実証研究者としての範囲を踏み越えてしまった。しかしながら、自国と他国の歴史に対する、しかもたかだか百数十年程度の短い期間ではなく二千年に及ぶ歴史への正しい認識・理解と各国相互の尊重こそ、平和と友好の源泉である。この拙い書が、その一助となることができれば、望外の喜びである。

この文章をスマホに打ち込みながら、せめて日本が戦争をしない国でありつづけてくれるかしと、ゲルニカの前で深く祈った。子や孫の世代にふたたび戦争が起こることのないように、私の大事な各国の人たちがいつまでも笑顔でいられるようにと。

二〇一六年十月　マドリッド・ソフィア王妃芸術センターにて

著者識す

参考文献

はじめに　倭国・日本と対外戦争
カール・フォン・クラウゼヴィッツ『戦争論』（清水多吉訳）中央公論新社、二〇〇一年（初版一八三二年）
倉本一宏「『漢委奴国王』について」『東アジアの古代文化』一三七、二〇〇九年
佐原　真「ヒトはいつ戦い始めたか」金関恕・春成秀爾編『佐原真の仕事4　戦争の考古学』岩波書店、二〇〇五年（初出一九九五年）
佐原　真「日本・世界の戦争の起源」金関恕・春成秀爾編『佐原真の仕事4　戦争の考古学』岩波書店、二〇〇五年（初出一九九九年）
松木武彦『人はなぜ戦うのか　考古学からみた戦争』講談社、二〇〇一年

第一章　高句麗好太王との戦い　四〜五世紀
大平　聡「世襲王権の成立」鈴木靖民編『日本の時代史2　倭国と東アジア』吉川弘文館、二〇〇二年
氣賀澤保規「倭人がみた隋の風景」氣賀澤保規編『遣隋使がみた風景　東アジアからの新視点』八木書店、二〇一二年
近藤義郎『前方後円墳の時代』岩波書店、一九八三年

坂元義種「古代東アジアの国際関係――和親・封冊・使節よりみたる」『古代東アジアの日本と朝鮮』吉川弘文館、一九七八年（初出一九六七・六八年）
徐　建新『好太王碑拓本の研究』東京堂出版、二〇〇六年
田中俊明『大加耶連盟の興亡と「任那」　加耶琴だけが残った』吉川弘文館、一九九二年
田中俊明「朝鮮三国の国家形成と倭」『岩波講座 日本歴史　第一巻　原始・古代1』岩波書店、二〇一三年
松木武彦『人はなぜ戦うのか』前掲
宮崎市定「読史箚記　首虜数」『宮崎市定全集　十七　中国文明』岩波書店、一九九三年（初出一九三六年）
森　公章『戦争の日本史1　東アジアの動乱と倭国』吉川弘文館、二〇〇六年
森　公章『倭の五王　5世紀の東アジアと倭王群像』山川出版社、二〇一〇年
吉田　孝『日本の誕生』岩波書店、一九九七年

第二章　「任那」をめぐる争い　六〜七世紀

石上英一「日本古代における調庸制の特質」『歴史における民族と民主主義　一九七三年度歴史学研究会大会報告』青木書店、一九七三年
大橋信弥「継体・欽明朝の『内乱』」吉村武彦編『古代を考える　継体・欽明朝と仏教伝来』吉川弘文館、一九九九年
大山誠一「継体朝成立をめぐる国際関係」『日本古代の外交と地方行政』吉川弘文館、一九九九年（初出一九八二年）
亀井輝一郎「磐井の乱の前後」下條信行他編『新版［古代の日本］第三巻　九州・沖縄』角川書店、一九九一年
倉本一宏「氏族合議制の成立――『オホマヘツキミ―マヘツキミ』制」『日本古代国家成立期の政権構

造』吉川弘文館、一九九七年（初出一九九一年）
倉本一宏『平安朝　皇位継承の闇』角川学芸出版、二〇一四年
鈴木英夫「『任那の調』の起源と性格」『古代の倭国と朝鮮諸国』青木書店、一九九六年（初出一九八三年）
田中俊明『大加耶連盟の興亡と「任那」』前掲
田中俊明『古代の日本と加耶』山川出版社、二〇〇九年
西本昌弘「倭王権と任那の調」『ヒストリア』一二九、一九九〇年
平野邦雄「継体・欽明朝の国際関係」『大化前代政治過程の研究』吉川弘文館、一九八五年（初出一九七八年）
森　公章『東アジアの動乱と倭国』前掲
山尾幸久『古代の日朝関係』塙書房、一九八九年

第三章　白村江の戦　対唐・新羅戦争　七世紀

石母田正『石母田正著作集　第三巻　日本の古代国家』岩波書店、一九八九年（初版一九七一年）
筧　敏生「百済王姓の成立と日本古代帝国」『古代王権と律令国家』校倉書房、二〇〇二年（初出一九八九年）
完戸　鶴「四つの白村江」『大宰府復元』九州歴史資料館、一九九八年
鬼頭清明「推古朝をめぐる国際的環境」『日本古代国家の形成と東アジア』校倉書房、一九七六年（初出一九七二年）
鬼頭清明『白村江　東アジアの動乱と日本』教育社、一九八一年
鬼頭清明「壬申の乱と国際的契機」『大和朝廷と東アジア』吉川弘文館、一九九四年（初出一九八八年）

倉本一宏「天智朝末年の国際関係と壬申の乱」『日本古代国家成立期の政権構造』吉川弘文館、一九九七年（初出一九九五年）
倉本一宏「律令制成立期の『皇親政治』」『日本古代国家成立期の政権構造』吉川弘文館、一九九七年
倉本一宏『戦争の日本史2　壬申の乱』吉川弘文館、二〇〇七年
倉本一宏「白村江の戦をめぐって」遠山一郎・丸山裕美子編『いくさの歴史と文字文化』三弥井書店、二〇一〇年
倉本一宏『蘇我氏　古代豪族の興亡』中央公論新社、二〇一五年
胡口靖夫『近江朝と渡来人　百済鬼室氏を中心として』雄山閣出版、一九九六年
坂本太郎『坂本太郎著作集　第九巻　聖徳太子と菅原道真』吉川弘文館、一九八九年（初版一九七九年）
鈴木英夫「『任那の調』の起源と性格」前掲
全　榮來『百済滅亡と古代日本　白村江から大野城へ』雄山閣、二〇〇四年
津田左右吉「百済戦役地理考」『津田左右吉全集　第十一巻　満鮮歴史地理研究　一』岩波書店、一九六四年（初出一九一三年）
遠山美都男『白村江　古代東アジア大戦の謎』講談社、一九九七年
直木孝次郎「近江朝末年における日唐関係——唐使・郭務悰の渡来を中心に」『古代日本と朝鮮・中国』講談社、一九八八年（初出一九八五年）
中村修也「白村江の戦いの意義」『東アジアの古代文化』一三三、二〇〇七年
西本昌弘「倭王権と任那の調」前掲
松田好弘「天智朝の外交について——壬申の乱との関連をめぐって」『立命館文学』四一五・四一六・四一七合併号、一九八〇年
三舟隆之「『日本霊異記』上巻一七縁の『建郡造寺』について」『日本古代の王権と寺院』名著刊行会、二

〇一三年（初出二〇〇五年）
森　公章『「白村江」以後　国家危機と東アジア外交』講談社、一九九八年
森　公章『東アジアの動乱と倭国』前掲
森　公章『遣唐使の光芒　東アジアの歴史の使者』角川学芸出版、二〇一〇年
山尾幸久『古代の日朝関係』前掲
義江彰夫「『旧約聖書のフォークロア』と歴史学」『ＵＰ』七七、一九七九年
吉川真司『シリーズ日本古代史①　飛鳥の都』岩波書店、二〇一一年
吉田　孝『日本の誕生』前掲
李　成市「高句麗と日隋外交――いわゆる国書問題に関する一試論」『古代東アジアの民族と国家』岩波書店、一九九八年（初出一九九〇年）
盧　泰敦『古代朝鮮　三国統一戦争史』（橋本繁訳）岩波書店、二〇一二年（初版二〇〇九年）

第四章　藤原仲麻呂の新羅出兵計画　八世紀

石井正敏「初期日渤交渉における一問題――新羅征討計画中止との関連をめぐって」『日本渤海関係史の研究』吉川弘文館、二〇〇一年（初出一九七四年）
石母田正「天皇と『諸蕃』」『石母田正著作集　第四巻　古代国家論』岩波書店、一九八九年（初版一九六三年）
石母田正『日本の古代国家』前掲
遠藤慶太「『経国集』対策の新羅観――典拠となる『日本書紀』」『日本書紀の形成と諸資料』塙書房、二〇一五年（初出二〇一二年）
大高広和「大宝律令の制定と『蕃』『夷』――大宝令制定の意義に関連して」『史学雑誌』一二二―一二、

二〇一三年
岸　俊男『藤原仲麻呂』吉川弘文館、一九六九年
鬼頭清明「敵・新羅・天皇制――8世紀を中心に」『歴史学研究』六四六、一九九三年
倉本一宏『奈良朝の政変劇　皇親たちの悲劇』吉川弘文館、一九九八年
河内春人「東アジアにおける安史の乱の影響と新羅征討計画」『日本歴史』五六一、一九九五年
新川登亀男「調（物産）の意味」『日本古代の対外交渉と仏教　アジアの中の政治文化』吉川弘文館、一九九九年（初出一九八八年）
新川登亀男「調と別献物」『日本古代の対外交渉と仏教　アジアの中の政治文化』吉川弘文館、一九九九年（初出一九九〇年）
鈴木靖民「奈良初期の対新羅関係」『古代対外関係史の研究』吉川弘文館、一九八五年（初出一九六七年）
鈴木靖民「天平初期の対新羅関係」『古代対外関係史の研究』吉川弘文館、一九八五年（初出一九六八年）
東野治之「鳥毛立女屛風下貼文書の研究――買新羅物解の基礎的考察」『正倉院文書と木簡の研究』塙書房、一九七七年（初出一九七四年）
山内晋次「朝鮮半島漂流民の送還をめぐって」『奈良平安期の日本とアジア』吉川弘文館、二〇〇三年（初出一九九〇年）
吉田　孝『日本の誕生』前掲

第五章　「敵国」としての新羅・高麗　九～十世紀
石井正敏「一〇世紀の国際変動と日宋貿易」田村晃一・鈴木靖民編『新版［古代の日本］』第二巻　アジアからみた古代日本』角川書店、一九九二年
石井正敏「日本・高麗関係に関する一考察――長徳三年（九九七）の高麗来襲説をめぐって」中央大学人

文科学研究所編『アジア史における法と国家』中央大学出版部、二〇〇〇年
石上英一「日本古代一〇世紀の外交」井上光貞・西嶋定生・甘粕健・武田幸男編『東アジア世界における日本古代史講座　第七巻　東アジアの変貌と日本律令国家』學生社、一九八二年
石上英一「古代国家と対外関係」『講座日本歴史2　古代2』東京大学出版会、一九八四年
近藤浩一「東アジア海域と倭寇――9世紀末の新羅海賊との比較史的考察を通して」『京都産業大学論集人文科学系列』四七、二〇一四年
佐伯有清「九世紀の日本と朝鮮――来日新羅人の動向をめぐって」『日本古代の政治と社会』吉川弘文館、一九七〇年（初出一九六四年）
佐伯有清『最後の遣唐使』講談社、一九七八年
鈴木靖民「遣唐使の停止に関する基礎的研究」『古代対外関係史の研究』吉川弘文館、一九八五年（初出一九七五年）
関　幸彦「平安期、二つの海防問題――寛平期新羅戦と寛仁期刀伊戦の検討」『古代文化』四一―一〇、一九八九年
田中史生「九～十一世紀東アジアの交易世界と奄美諸島」『東アジアの古代文化』一三〇、二〇〇七年
鄭　淳一「寛平新羅海賊考」『九世紀の来航新羅人と日本列島』勉誠出版、二〇一五年（初出二〇一一年）
浜田耕策「王権と海上勢力――特に張保皐の清海鎮と海賊に関連して」『新羅国史の研究　東アジア史の視点から』吉川弘文館、二〇〇二年（初出一九九九年）
平野卓治「九世紀における日本律令国家と対新羅『交通』」林陸朗・鈴木靖民編『日本古代の国家と祭儀』雄山閣出版、一九九六年
村井章介「王土王民思想と九世紀の転換」『日本中世境界史論』岩波書店、二〇一三年（初出一九九五年）
村上史郎「九世紀における日本律令国家の対外意識と対外交通――新羅人来航者への対応をめぐって」

『史学』六九—一、一九九九年
森　克己『新編森克己著作集　第一巻　日宋貿易の研究』勉誠出版、二〇〇八年（初版一九四八年）
山内晋次「九世紀東アジアにおける民衆の移動と交流——寇賊・反乱をおもな素材として」『奈良平安期の日本とアジア』吉川弘文館、二〇〇三年（初出一九九六年）
山里純一「平安時代中期の南蛮人襲撃事件をめぐって」鈴木靖民編『日本古代の地域社会と周縁』吉川弘文館、二〇一二年
渡邊　誠「平安貴族の対外意識と異国牒状問題」『歴史学研究』八二三、二〇〇七年

第六章　刀伊の入寇　十一世紀

石井正敏「日本・高麗関係に関する一考察」前掲
倉本一宏「『小右記』に見える大臣闕員騒動」『摂関政治と王朝貴族』吉川弘文館、二〇〇〇年（初出一九九三年）
倉本一宏『藤原伊周・隆家　禍福は糾へる纏のごとし』ミネルヴァ書房、二〇一七年
関　幸彦「『寛仁夷賊之禍』と府衙の軍制」安田元久先生退任記念論集刊行委員会編『中世日本の諸相　上巻』吉川弘文館、一九八九年
関　幸彦「平安期、二つの海防問題」前掲
土田直鎮『日本の歴史5　王朝の貴族』中央公論社、一九六五年
野口　実「藤原隆家」元木泰雄編『古代の人物6　王朝の変容と武者』清文堂出版、二〇〇五年
村井章介『東アジアのなかの日本文化』放送大学教育振興会、二〇〇五年
森　公章「刀伊の入寇と西国武者の展開」『東洋大学文学部紀要』三四、二〇〇八年
吉川真司「アジア史から見た女真海賊事件（刀伊の入寇）」『週刊新発見！日本の歴史』一六、二〇一三年

終章　戦争の日本史

新井孝重『戦争の日本史7　蒙古襲来』吉川弘文館、二〇〇七年
榎本　渉『選書日本中世史4　僧侶と海商たちの東シナ海』講談社、二〇一〇年
北島万次『豊臣秀吉の朝鮮侵略』吉川弘文館、一九九五年
倉本一宏『壬申の乱』前掲
呉座勇一『戦争の日本中世史　「下剋上」は本当にあったのか』新潮社、二〇一四年
田中健夫「十四世紀以前における東アジア諸国との関係」『中世対外関係史』東京大学出版会、一九七五年
中野　等『戦争の日本史16　文禄・慶長の役』吉川弘文館、二〇〇八年
服部英雄『蒙古襲来』山川出版社、二〇一四年
村井章介『北条時宗と蒙古襲来　時代・世界・個人を読む』日本放送出版協会、二〇〇一年
村井章介『シリーズ日本中世史④　分裂から天下統一へ』岩波書店、二〇一六年
魯　成煥『耳塚の「霊魂」をどう考えるか』国際日本文化研究センター、二〇一三年

おわりに

大江志乃夫『徴兵制』岩波書店、一九八一年
相良　亨『武士道』講談社、二〇一〇年（初版一九六八年）

N.D.C.210.3 302p 18cm
ISBN978-4-06-288428-0

講談社現代新書 2428

戦争《せんそう》の日本《にほん》古代史《こだいし》 好太王碑《こうたいおうひ》、白村江《はくそんこう》から刀伊《とい》の入寇《にゅうこう》まで

二〇一七年五月二〇日第一刷発行　二〇一九年一月二五日第八刷発行

著者　倉本《くらもと》一宏《かずひろ》

発行者　渡瀬昌彦

発行所　株式会社講談社
東京都文京区音羽二丁目一二―二一　郵便番号一一二―八〇〇一
電話　〇三―五三九五―三五二一　編集（現代新書）
〇三―五三九五―四四一五　販売
〇三―五三九五―三六一五　業務

装幀者　中島英樹

印刷所　豊国印刷株式会社

製本所　株式会社国宝社

本文データ制作　講談社デジタル製作

定価はカバーに表示してあります　Printed in Japan

「講談社現代新書」の刊行にあたって

教養は万人が身をもって養い創造すべきものであって、一部の専門家の占有物として、ただ一方的に人々の手もとに配布され伝達されうるものではありません。

しかし、不幸にしてわが国の現状では、教養の重要な養いとなるべき書物は、ほとんど講壇からの天下りや単なる解説に終始し、知識技術を真剣に希求する青少年・学生・一般民衆の根本的な疑問や興味は、けっして十分に答えられ、解きほぐされ、手引きされることがありません。万人の内奥から発した真正の教養への芽ばえが、こうして放置され、むなしく滅びさる運命にゆだねられているのです。

このことは、中・高校だけで教育をおわる人々の成長をはばんでいるだけでなく、大学に進んだり、インテリと目されたりする人々の精神力の健康さえもむしばみ、わが国の文化の実質をまことに脆弱なものにしています。単なる博識以上の根強い思索力・判断力、および確かな技術にささえられた教養を必要とする日本の将来にとって、これは真剣に憂慮されなければならない事態であるといわなければなりません。

わたしたちの「講談社現代新書」は、この事態の克服を意図して計画されたものです。これによってわたしたちは、講壇からの天下りでもなく、単なる解説書でもない、もっぱら万人の魂に生ずる初発的かつ根本的な問題をとらえ、掘り起こし、手引きし、しかも最新の知識への展望を万人に確立させる書物を、新しく世の中に送り出したいと念願しています。

わたしたちは、創業以来民衆を対象とする啓蒙の仕事に専心してきた講談社にとって、これこそもっともふさわしい課題であり、伝統ある出版社としての義務でもあると考えているのです。

一九六四年四月　野間省一